중용의 정치사상

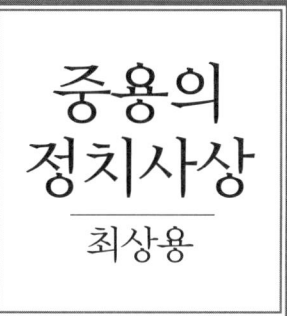

저자 최상용(崔相龍) 교수

서울대학교 문리과대학 외교학과를 졸업하고, 일본 도쿄 대학 대학원에서 정치학 석사 및 박사 학위를 받았다. 미국 하버드 대학교 옌칭 연구소 객원교수, 고려대학교 평화연구소장, 아세아문제연구소장, 한국정치학회장, 한국평화학회창립회장, 주일본국 특명전권대사를 역임했으며, 2007년 8월 고려대학교 정경대학 정치외교학과 교수직을 퇴임했다. 2010년부터 일본 호세이 대학 교수로 평화사상, 중용사상, 정의론 등을 강의하고 있다. 주요 저서로는『정치가 정도전』,『민족주의, 평화, 중용』(공저),『미군정과 한국민족주의』,『평화의 정치사상』,『중용의 정치』, *A Political Philosophy of Peace* 등이 있고, 주요 논문으로는 「신흥국 근대화론의 이데올로기적 성격」, 「평화의 인식」, 「정치가 정도전 연구」, 「플라톤의 중용사상」, "Democracy and Peace in Korea," "Industrialization and Democratization in the Asian NIES" 등이 있다.

ⓒ 2012 최상용

중용의 정치사상

저자 / 최상용
발행처 / 까치글방
발행인 / 박종만
주소 / 서울시 종로구 행촌동 27-5
전화 / 02 · 735 · 8998, 736 · 7768
팩시밀리 / 02 · 723 · 4591
홈페이지 / www.kachibooks.co.kr
전자우편 / editor@kachibooks.co.kr
등록번호 / 1-528
등록일 / 1977. 8. 5
초판 1쇄 발행일 / 2012. 3. 20

값 / 뒤표지에 쓰여 있음
ISBN 978-89-7291-520-1   03340

차례

서문 : 중용으로서의 정의　7

1　문제의식과 방법　15

2　중용의 개념　23

3　고대 중국의 유교 정치사상과 중용　29

　1. 공자의 인(仁)과 중용　29

　　1) 군자학(君子學)

　　2) 중용의 일상화와 시중(時中)

　　3) 인과 중용

　2. 맹자의 인의(仁義)와 중용　50

　　1) 성선설

　　2) 인의와 중용

　　3) 시중과 권도(權道)

　　3. 중용학의 교본─『중용』　69

　　　1) 중용의 윤리학(修己學)

　　　2) 중용의 정치학(治人學)

　　　3) 중용의 철학(誠學)

4 고대 그리스의 폴리스 정치사상과 중용 89

　1. 플라톤의 정의, 중용 그리고 법 89
　　1) 정의와 중용
　　2) 정치술과 중용
　　3) 법과 중용 그리고 혼합정체
　2. 아리스토텔레스의 중용과 정치체제 122
　　1) 행복, 선 그리고 중용
　　2) 윤리적 덕, 실천적 지혜 그리고 정의
　　3) 중용의 정치체제

5 결론 153

　1. 정치적 인식의 방법 153
　2. 정치지도자의 자질 156
　3. 중용민주주의 : 중용과 평화의 정치체제 159

　주 167
　색인 187

서문 : 중용으로서의 정의

　정치학을 공부하기 시작한 지 어언간 반세기가 훌쩍 지나버렸다. 그런데도 정치학과 정치를 이해한다는 것이 참으로 어렵다는 것을 절감한다. 1960년 4/19 혁명의 그날. 서울대학교 1학년생이었던 나는 태어나 처음으로 최루탄을 맞으면서 시위에 참가했다. 정치학이론 강의는 한 시간도 듣지 못하고 정치적 행동에 나선 것이다. 정치현상을 가장 논리적으로 설명했던 아리스토텔레스가 정치는 이론이 아니라 실천이라고 한 명제를 새삼 떠올려본다.

　어려서부터 나는 고향 경주에서 좌, 우 갈등의 현장을 심심찮게 보면서 자랐고, 대학에 들어와서는 통일논쟁, 사상논쟁의 소용돌이 속에서 긴장감 넘치는 나날을 보낸 것 같다. 세계 냉전사에서 우리나라만큼 좌우대립의 국내 냉전이 치열한 곳이 없었고 동서 냉전체제가 붕괴된 지금도 그 국내 냉전의 후유증이 우리 사회의 상생과 통합을 가로막고 있다.

지금까지 나는 다음과 같은 소박한 물음으로부터 자유로운 적이 없었다.

왜, 우리는 같은 동포끼리 죽기 아니면 살기로 싸워야 한단 말인가.

어떻게, 우리는 한반도 냉전을 극복할 것인가.

언제, 우리는 조국의 평화통일을 이룩할 수 있을 것인가.

1972년에 나온 「미군정과 한국민족주의」는 위의 질문들을 낳게 한 한국 현대사를, 미-소 국제 냉전과 좌우 국내 냉전의 이중구조로 파악한 학위논문이다. 이 연구는 서술, 분석, 추론 과정에서 젊음의 파토스와 학문적 금욕 사이를 수없이 왕복했던 나의 20대의 자화상이기도 하다.

분단과 전쟁으로 점철된 한국의 민족문제는 대한민국헌법이 명한 대로 평화와 통일로 극복하는 것이 정의로운 길이다. 이 경우 평화는 통일의 방법인 동시에 통일한국의 목표가치이다. 그리고 평화는 힘의 정치와 권위주의에 대한 비판 개념인 동시에 냉전 이후 세계사의 시대정신을 대표하는 규범적 가치이다.

평화에 대한 나의 연구관심은 도쿄 대학 대학원 재학 당시 지도교수였던 사카모토 요시카즈(坂本義和) 교수님의 가르침 덕분이다. 20대에 에드먼드 버크의 정치사상 연구로 학계를 놀라게 했고, 세계적인 군축, 평화 연구가인 사카모토 선생님의 영향을 받은 나는 1973년 이래 고려대학교에서 서양 정치사상 강의를 하면서 자연스럽게 평화사상을 제2의 연구 테마로 잡게 되었다. 나에게 평화사상은 국제정치와 정치사상의 가교이며 요즘 새로운 분야로 등장하고 있는 국제정치철학(international political philosophy)의 핵심적인 주제이다.

민족주의는 어쩌면 청년기 한국 사회과학도의 지적 홍역 같기도 하지만 민족주의의 정서적인 뿌리인 조국애는 루소가 그토록 강조했던 자기애(自己愛)의 확충이며 향토애와 같은 인간의 보편적 감성이다. 근대사의 경험에서 보면 민족국가 간의 힘의 정치가 전쟁의 근본원인이기도 했지만, 조국에 대한 사랑과 평화에 대한 사랑은 원리적으로나 현실적으로 모순하지 않는다.

그리하여 나는 고대 그리스의 폴리스에서 현대의 민주정체에 이르기까지 서양의 고전 속에서 평화의 사상을 추출하여 1997년에 『평화의 정치사상』을 세상에 내놓았다. 이 연구는 평화를 주제로 서양 사상사를 해석한 것으로 오늘날 민주평화론(democratic peace theory)의 사상사적 근거를 밝히는 데에 역점을 두었다.

민족주의에서 평화로 이행했던 나의 연구관심은 인생 후반으로 들어오면서 정치학의 영원한 숙제인 인간과 정치라는 보편적 테마로 다시 돌아오게 되었다. 흡사 자아 → 자아 탈출

→ 자기 내 귀환이라는 자연스런 인간적 여정이라고 할까. 나에게 인간과 정치를 꿰뚫는 일관된 주제가 바로 중용(中庸)이다. 평화가 국가 간 또는 국가 내의 전쟁이 없는 상태라면 중용은 양극단이 아닌 중심축으로 인간적인 삶과 정치적인 삶의 조화로운 상태이다.

나는 대학에 들어가기 전까지 우리 집 사랑방에서 친지어른으로부터 사서(四書)를 배우면서 중용에 대한 이야기를 귀가 닳도록 들었고 대학교수로서 서양 사상의 고전, 특히 플라톤과 아리스토텔레스의 저작을 읽고 또 읽는 과정에서 중용을 재발견하는 지적 희열을 맛보았다. 더욱이 이데올로기의 양극화 시대가 붕괴된 이후 21세기에 들어오면서 우리는 중용적 구상력이 그 어느 때보다 절실히 필요한 상대화의 시대에 살고 있다. 동서고금을 막론하고 정치의 목적은 정의의 실현이다. 그 정의의 의미는 논자에 따라 다르지만 가장 생명력이 긴 정의의 정의(定義)가 바로 중용임을, 나는 확인하게 되었다.

정치철학사에서 최초의 정의론인 『국가론』의 저자 플라톤이나 오늘날 각종 사회경제적 정의론에 깊은 영향을 끼쳤던 아리스토텔레스의 정의론에서도 정의는 중용이며, 그 정의의 유교적 표현인 인의(仁義)의 핵심내용도 역시 중용이다. 정의를 중용으로 파악하는 사상의 흐름은 우리나라에서도 7세기의 원효, 19세기의 다산 정약용에게서 어김없이 나타나고 있다.

삼국통일을 예감한 원효의 화쟁(和諍)사상은 중용의 정의(中道義)를 기준으로 하고 있고 "위험사회"로 치닫던 조선시대에 다산의 정의는 중용의 핵심인 시중(時中)의 정의(時中之義)에 다름 아니다. 그리고 20세기 존 롤스의 정의론의 방법인 성찰적 균형(reflective equilibrium)이나 중첩적 합의(overlapping consensus)도 중용의 방법과 유사하다. 롤스는 자신의 정의론이 독단론(dogmatism)과 환원주의(reductionism)의 중용임을 고백하고 있다. 이처럼 "중용으로서의 정의(Justice as Mean)"는 고대 중국의 공자와 맹자, 고대 그리스의 플라톤과 아리스토텔레스, 현대의 존 롤스에 이르기까지, 그리고 우리나라의 원효와 다산에 이르기까지 면면히 이어져온 주제이다.

나는 이들 사상가들이 각기 특유의 언어로 말하고 있는 갖가지 보석 같은 중용의 명제들을 꿰어서 중용의 정의를 상징하는 황금의 염주(念珠)를 만들고자 한다.

곧잘 황금률이라고 불리는 중용은 비근한 일상 속에 그 원천이 있지만 결코 어중간한 태도나 산술적 평균치가 아니라 적중(的中)의 선택이며 정곡을 찌르는 사려 깊은 판단(considered judgment)이기 때문에 고대 중국의 성인군자나 고대 그리스의 탁월한 현인만이 지닐 수 있는 덕목이다. 따라서 중용은 어린 천재의 발명품이 아니라 깊은 경륜과 실천적 지혜의 결과물이라고 할 수 있다.

개인적으로, 중용의 덕목은 도달하기 어려운 목표이다. 70에 불유구(不踰矩)라고 하지만 이는 불혹(不惑), 지천명(知天命), 이순(耳順)보다 어려운 경지로서 나에게는 단지 중용의 일탈에 대한 끊임없는 경고로 들릴 뿐이다. 학문적으로는, 민주화와 상대화의 시대정신에 걸맞은 중용을 정치사상의 주제로 하는 간결한 논문 한편을 쓰는 것이 간절한 소망이었다.

이번에 나온 『중용의 정치사상』은 ① 정치적 판단의 방법 ② 정치지도자의 자질 ③ 민주정체의 바람직한 모델 등을 중심으로 중용사상을 파악하고 있다. 불완전하고 미숙하기 짝이 없는 책이지만 고희를 맞은 한 정치학도의 조용한 외침으로 들었으면 한다.

1970년대 이래 나는 한국과 일본에서 대학원 강의나 공개강연을 통하여 노-장-청(老壯靑)의 수많은 사람들과 중용담론을 펼쳐왔다. 그동안 나에게 정보와 지식과 영감을 보태준 모든 분들에 대한 고마움을 이 책으로 보답하고자 한다.

집필과정에서 수없이 수정, 보완한 원고를 타자, 교정해준 방상근 박사, 인터넷을 통해서 주제별 관련 자료를 제때 검색해준 최광필 박사의 헌신적인 도움이 없었더라면 이 책은 오래도록 미출간 원고로 남았을 것이다. 잘 읽히지 않는 학술서를 기꺼이 출판해준 까치글방의 박종만 사장의 용기에 경의를 표한다.

끝으로 대가족의 일상생활 속에서 나에게 다양한 중용 체험의 기회를 제공한 가족들, 아내, 두 아들, 며느리, 손녀, 손자를 생각하면 왠지 나도 모르게 눈시울이 붉어진다. 미안하기도 하고 고맙기도 하고. 특히 손자 준영(埈榮)에게는 이 책을 유언처럼 남기고 싶다.

2012년 2월 28일
최상용

1
문제의식과 방법

우리는 지금 상대화의 시대[1]에 살고 있다. 아직도 지구상에는 절대적 가치를 독점하려는 각종의 종교적 원리주의가 존재하고 있으나, 동서 냉전의 한쪽의 중심축이었던 소련 사회주의 체제의 몰락으로 이데올로기적 원리주의는 허무하게 무너지고 말았다. 냉전의 붕괴는 이데올로기 절대화의 종언을 의미하며 탈냉전 내지 냉전 이후 시대의 도래는 이데올로기의 상대화를 수반하지 않을 수 없다.

지금 우리는 왜 중용을 재발견할 필요가 있는가. 동서양의 역사를 보면 인간이 집단을 이루어 살면서 인간관계가 형성되고 그 인간관계는 필연적으로 정치관계로 이어졌다. 그런데 고대인은 인간관계와 정치관계를 영위하는 과정에서 자연스럽게 중용을 추구하게 되었다. 동서양의 공통된 중용의 정의는 과(過), 불급(不及)이 없는 것인데 이 중용 개념이 만들어지기 이전에 이미 고대 중국에서는 중(中)의 개념을 중시했고 고대 그리스의 델파이 신전에는 "도(度)를 넘지 말라"는 경구가 각인되어 있었다. 인간이기에 과할 수도 있고 불급할 수도 있지만 양극보다 그 양극 사이에 존재하는 다양한 가능성에 착안하는 것은 어쩌면 당연한 귀결이다. 왜냐하면 중용의 선택은 그 시점에서의 상황과 조건에 따라서 다르지만 상대적으로 최적의 선택이기 때문이다.

인류사의 경험에서 보면 인간만큼 잔인할 수 있고 또한 인간만큼 지선(至善)의 경지에 이를 수 있는 동물은 없다. 그래서 동서양의 철인(哲人)들은 대체로 인간성에 천사와 악마가 내재한다고 보았다. 설령 성선설(性善說)을 주장하는 사람도 인간의 이기심을 인정하지 않을 수 없고, 성악설(性惡說)을 내세우는 사람도 인간의 착한 성품을 전면 부정하지 않는다. 중용적 사고는, 인간은 만물의 영장(靈長)으로 다른 동물과는 분명히 다르나 결코 전지전능한 신(神)이 될 수 없다는, 인간 능력의 한계에 대한 깊은 자각과 성찰을 바탕에 두고 있다.

역사적으로 보면 중용은 보편종교나 보편주의적 이데올로기가 등장하기 전에 동양의 중국과 서양의 그리스에서 그들의 인간관계와 정치관계에서 자연스럽게 축적된 윤리적, 정치적 규범이었다. 종교와 이데올로기적 원리주의로부터 상대적으로 자유로웠던 고대 중국과 고대 그리스에서 상호간에 의사소

통의 수단이 거의 없었던 그 시대에 각기 인간관계와 정치관계를 규율하는 규범으로서 중용사상이 심도 있게 논의되었다는 것은 괄목할 만하다. 종교와 이데올로기는 정통과 이단의 대결을 내재하고 있기 때문에 그 성격상 원리주의와 극단주의로 질주할 가능성이 있으며 이러한 사상 상황이야말로 중용의 극단적인 일탈이 아닐 수 없다.

보편주의를 지향하는 종교와 이데올로기는 인류사에 엄청난 영향력을 행사했지만 그것들이 원리주의로 질주함으로써 인류에게 덮어씩운 마이너스의 유산 또한 너무 크다. 이들 종교와 이데올로기의 원리주의적 도그마는 국가 간, 집단 간, 심지어 개인의 내면세계까지 선악의 이분법으로 갈라놓았고 헤아릴 수 없이 많은 인간의 생명을 앗아갔다. 30년의 종교전쟁과 50년의 동서 냉전은 제각기 정통과 이단으로 자기를 정당화하고 상대를 몰아세웠지만 그것이 모두 거창한 허구와 위선의 싸움이었음이 증명되었다. 이처럼 중용적 사고는 종교전쟁이나 동서 냉전과 같은 절대화의 시대에는 긴 동면을 강요당했으나 이데올로기의 상대화의 시대가 도래함에 따라 새로운 생명력을 발휘하게 될 것이다.

필자는 이 연구에서 동양과 서양 사상의 요람이라고 할 수 있는 고대 중국과 고대 그리스의 중용사상에서 그 정치사상적 특징을 밝히는 것을 목적으로 한다. 따라서 동서양의 비교연구

자체가 목적은 아니나 연구의 성격상 비교의 방법을 취하지 않을 수 없다. "모든 판단은 비교이며 모든 비교는 다양성을 동일성에 의해서 설명하는 것이다."[2]

비교사상의 대가 폴 마송-우르셀의 명구가 생각난다. 그의 말에 전면적인 지지를 보낼 수는 없으나 연구하는 것은 분류하는 것이라고 갈파했던 아리스토텔레스의 언급처럼, 분류하고 비교하고 일반화하고 단순화하는 것은 연구자의 피할 수 없는 지적 행위이다. 필자는 강의실에서 학생들에게 공부하는 것은 개념화하는 것(to study is to conceptualize)이라고 역설해왔다. 다양한 소재를 개념 틀에 맞춰 구분, 정리하고 특정시각에서 분석하고 비교하면서 가능한 보편적 원리를 찾아내려는 연구행위의 특성을 강조하기 위해서이다. 이렇게 볼 때 위의 우르셀의 언급에서 필자 나름대로 그 참뜻을 수용한다면 비교는 연구자가 선택하는 하나의 중요한 방법이며 그 비교는 다양한 대상을 유사성과 이질성의 관점에서 해석하는 것이다.

지금까지 동서양 사상의 비교연구에는 대체로 세 가지 방법이 논의되어왔다.

첫째는 사상 자체의 비교연구이다. 이 방법은 모든 사상은 추상화의 산물이라는 관점에 선다. 무릇 모든 사상의 형성배경에는 당연하게도 역사, 문화, 풍토 등의 요인이 있지만 그러한 요인들의 분석보다는 사상 자체의 내용분석을 통하여 동질성과 이질성의 관점에서 비교하는 접근방법이다. 막스 베버의 이념의 유형이나 빌헬름 딜타이의 세계관의 유형에 의한 비교사상 연구는 그 좋은 예이다.[3]

둘째 동양과 서양의 사상 교류를 전제로 한 비교연구이다. 여기에는 외압과 대응, 수출과 수용, 침투와 반발 등으로 인한 이질적인 사상 간의 혼재와 혼합 등이 주된 연구대상이 된다. 서세동점의 시대에 나타난 동양 여러 나라들의 동도서기론(東道西器論)은 좋은 사례연구가 된다. 각종 서양 사상의 수용에 관한 연구, 비교문학 연구, 인도에 대한 서양의 정신사적 접촉의 연구 등이 좋은 예가 될 수 있다.[4]

셋째 세계 사상사의 관점에서 동양과 서양을 비교, 분석하는 방법이다. 지금까지 사상사는 대체로 서양 사상사였고 동양 사상사는 아직도 개척단계에 있다고 볼 수 있다. 중국, 일본, 한국, 인도 등의 개별 사상사 연구는 있으나 동서양 사상의 집대성으로서 이른바 세계철학의 관현악적인 통일(orchestrated unity)은 요원하며 단편적인 주장이 있으나[5] 그 수준은 걸음마 단계에 있다.

이 연구는 우선 동양과 서양을 아우르는 세계철학의 입장에서 중용사상을 집대성하려는 것이 아니다. 또한 동양과 서양 간에 중용사상의 교류가 있었다는 전제하에 동서 중용사상의 상호관계를 다룬 연구는 더더욱 아니다. 이 연구는 고대 중국과 고대 그리스, 그것도 고대 중국의 유학 특히 공맹학(孔孟學)에서의 중용사상과 고대 그리스 그것도 폴리스(polis) 철학에서의 중용사상을 그 공통점과 차이점을 중심으로 내용분석함으로써 윤리적, 정치적 사고의 원리와 방법으로서의 중용의 보편적 의미를 찾아내고자 한다.

고대 중국과 고대 그리스 특히 중국의 공자와 맹자, 그리스의 플라톤과 아리스토텔레스, 이들은 인류역사상 최고이자 최대의 정치철학자들이다. 중용사상은 플라톤의 스승 소크라테스보다 80여 년 전에 태어난 공자에 의해서 자각적으로 제기되었지만, 특히 이들 가운데 플라톤, 아리스토텔레스 그리고 맹자는 20년간 동시대에 살면서 지적 교류가 전혀 없었던 상황에서 공통의 중용사상을 창출하고 있었다는 사실에 대해서 필자는 경이로움과 함께 신선한 충격을 받았다.

이 책에서 다루는 제1차 자료는 고대 중국의 사서(四書), 즉 『논어(論語)』, 『맹자(孟子)』, 『중용(中庸)』, 『대학(大學)』과 고대 그리스의 사서라고 할 수 있는 플라톤의 『국가론(Politeia)』, 『법률론(Nomoi)』, 아리스토텔레스의 『니코마코스 윤리학(Ethica Nicomachea)』, 『정치학(Politica)』 등이다. 이들 동양과 서양의 정치철학 고전들은 그 내용에서 윤리학과 정치학을 불가분의 종합학으로 다루고 있다는 점에서 공통성을 가지고 있다. 따라서 중용의 정치사상의 관점에서 보면 고대 그리스의 경우 정치지도자의 질(質)과 정치체제의 질, 그리고 고대 중국의 경우 수기(修己)의 질과 치인(治人)의 질 사이에 강한 연속성을 발견할 수 있다.

이 연구는 고대 중국의 공맹학과 고대 그리스의 폴리스 철학에 나타난 중용의 정치사상의 특징을 밝히는 것을 목적으로 한다.

2
중용의 개념

　중용(中庸)은 고대 중국 사상의 핵심을 이루는 중(中)에 용(庸)을 붙여서 만든 개념이다. "중용의 덕이 지극하구나. 중용의 덕을 지닌 백성이 거의 없어진 지 오래되었구나(中庸之爲德也 其至矣乎 民鮮久矣)."[1]

　고대 중국 문헌에서 중용이라는 개념이 처음 등장한 것이 바로 이 문장인데, 공자 자신이 중용이라는 개념을 사용하여 당시의 시대 상황과 사상 상황을 중용의 일탈로 파악한 것이다. 주자의 해석에 의하면 중(中)은 과불급이 없는, 지나치지도 모자라지도 않은 것, 또는 치우치지도 기울지도 않은 상태이다. 그리고 용(庸)은 평상(平常)의 도리, 즉 일상생활에서 변하지 않은 도리를 뜻한다.[2] 『중용』에서는 중의 개념이 희로애락이 발현되지 않은 상태[3]로 정의되어 있다.

　중국과 거의 같은 시대에 고대 그리스에서도 Mean(mesotēs),

middle, Intermediate(mesons), Moderation(sophrosyne) 등 중용 관련 언어들이 있었는데, 그 영어 번역어로는 Mean이 가장 많이 쓰이고 있다. 고대 그리스의 Mean도 과(過)와 불급(不及)의 중간(middle point)으로 고대 중국의 중용 개념과 유사하게 쓰였다. 공자는 중용을 덕(德), 최고의 덕이라고 했고, 아리스토텔레스도 덕은 과와 불급 사이의 중용이라고 했다.[4] 이처럼 고대 중국과 고대 그리스에 공통하는 가장 넓은 의미의 중용은 과불급이 없는 것이다. 즉 중용은 양극이 아닌 다양한 중간의 상태(middle state)라고 말할 수 있다.

넓은 의미의 중용은 양극 이외의 열린 상태이기 때문에 선택의 폭이 다양하다. 따라서 실천행위로서의 중용(Mean in action)은 양극이 아닌 다양한 중간의 영역에서 적절하게 선택하는 작위적인 행위를 수반한다. 이때 적절한 선택행위를 고대 중국에서는 시중(時中), 고대 그리스에서는 "우리와 관련된 중용(the mean relative to us)"[5]으로 표현했다.

시중(時中)은 직역하면 시(時)에 맞는 중용이지만, 이 경우 시는 반드시 "언제"만이 아니라 "누가," "어디서," "무엇을," "어떻게" 등 복잡한 상황성을 포함하고 있기 때문에 단순히 극단을 배제한 산술적인 중간이 아니라 인간관계에서의 구체적 상황에 적합한 중용이다.

이렇게 볼 때 소극적 의미의 중용은 극단을 배제한 중용(A

mean between extremes)이고 최적의 판단으로서의 적극적 중용은 시중, 또는 "우리와 관련된 중용", 즉 특정의 주어진 상황에서의 중용(The mean in any given situation)이라고 할 수 있다. 극단의 배제 내지 부재가 중용의 여건이라면 시중이나 "우리와 관련된 중용"은 선택과 실천이 수반되는 규범적인 중용이라고 말할 수 있다. 이 두 표현은 실제로 중용의 핵심을 이루는 개념으로, 후술하겠지만 관계성과 상황성을 고려한 집중과 선택의 행위이며, 공자와 아리스토텔레스는 이를 정곡을 찌르는 행위로 비유하고 있다.[6] 필자는 동양의 시중과 서양의 "우리와 관련된 중용"의 공통성을 나타내는 대표언어로 편의상 한국, 중국, 일본 등이 같은 의미로 사용하고 있는 시중을 쓰고자 한다.

중용의 중용다움은 시중(時中)에 있으며 이때 시(時)에는 시의 적절함과 함께 중용의 선택을 위한 외적인 요인들, 이를테면 상황, 조건, 과정의 특수성을 고려한 포괄적 의미가 내재되어 있다. 바로 이 점이 인간의 감정과 행위를 다루는 시중적 사고가 본질적으로 정치적 사고의 성격을 가지고 있음을 나타낸다. 왜냐하면 정치적 사고의 특성은 상황적, 조건적, 상대적, 과정적, 그리고 종합적이기 때문이다. 우선 정치적 사고는 본질적으로 상황적 사고라고 하지 않을 수 없다. 상황은 주체를 둘러싼 환경으로 그 주체가 개인이든 민족이든 국가든 세계든

간에 정치적 사고는 그들 주체들을 둘러싸고 있는 환경을 고려하지 않고서는 성립할 수가 없기 때문이다. 정치적 사고는 어디까지나 어떠한 조건하에서 설명이나 예측이 가능하며 무조건적으로 고정불변한 대상에 대한 사고는 존재할 수 없다.

그렇기 때문에 정치적 사고는 동서나 고금을 막론하고 일관된 절대적 진리를 대상으로 하는 사고가 아닌 것이며, 그러한 점에서 상대성을 그 본질적 속성으로 하지 않을 수 없다. "정치는 생물"이라는 말도 정치적 사고에 내재하는 상황성과 상대성을 단적으로 표현한 것이다. 그리고 당연하게도 정치적 사고는 궁극적 진리를 탐구하는 철학이나 과학 그 자체와 달리 이상과 목적을 달성하기 위해서 적절한 수단과 방법을 선택하는 과정을 중시하는 사고이다.

이처럼 정치적 사고는 상황적 사고, 조건적 사고, 상대적 사고, 과정적 사고 등의 속성을 가지고 있으며 단일의 상수가 아니라 복잡한 변수들을 고려하는 종합적 사고가 되지 않을 수 없다. 이렇게 보았을 때 중용적 사고는 상황, 조건, 과정을 종합적으로 고려한 상대적 사고라는 점에서 동심원(同心圓)처럼 정치적 사고의 원칙과 방법의 핵심적인 부분을 공유하고 있다.

인간의 일상적 경험에서도 가끔 그렇지만 정치의 세계에서는 통념의 한계를 넘고 복잡한 변수들이 얽히고설켜 있기 때문에 심지어 선에서 악이 나올 수도 있고 악에서 선이 나오는 경우도 있으며, 특히 정치의 결정과정에는 최선이 차선의 적(敵)인 경우도 있다. 이 세상의 불합리한 경험이야말로 모든 종교의 원천이며 정치의 존재이유이기도 하다. 차세(此世)의 불합리를 초월적으로 구제하려는 것이 종교라면 그것을 책임윤리에 바탕을 두고 현실 속에서 해결하려는 치열한 노력이 정치인 것이다.

예나 지금이나 인간의 문제, 정치의 문제를 윤리적 합리주의로 설명할 수 있고 해결할 수 있는 최선의 상태는 존재하지 않는다. 이처럼 최선은 신의 영역이며 최악은 인간의 노력으로 극복해야 하기 때문에 우리는 최악과 최선 사이의 다양한 가능성 속에서 상황과 조건에 맞게 적절하게 선택한 것을 가능한 최선(possible best), 즉 시중이라고 부른다.

현실적으로 바람직한 정치적 선택은 거의 예외 없이 시중의 선택인 것이다. 이처럼 초월적 최선을 상정한 종교와는 달리 가능한 최선을 추구하는 정치영역에서의 중용을 필자는 정치적 중용이라고 부른다. 정치적 중용은 시중의 정치적 표현에 다름 아니다.

필자는 고대 중국과 고대 그리스의 정치철학 고전들 속에 담겨 있는 중용사상, 중용 관련 언어, 개념, 판단 그리고 명제들의 의미내용을 분석하고, 시중을 열쇠 개념으로 하여 정치적 사고, 인식의 방법으로서의 중용, 정치지도자의 자질로서의 중용, 그리고 민주주의 정치체제의 규범적 특성으로서의 중용의 의미를 해명해보고자 한다.

3
고대 중국의 유교 정치사상과 중용

1. 공자의 인(仁)과 중용

1) 군자학(君子學)

유교와 도교는 고대 중국 사상의 두 축으로 전자는 공자와 맹자에 의해서, 후자는 노자와 장자에 의해서 그 사상의 원형이 이루어졌다. 이 두 사상은 표면적으로는 대립하고 있는 것처럼 보이나, 같은 뿌리인 중국 사상이 두 계보로 분화되었다고 볼 수 있다. 비유컨대 서양에서 폴리스 사상과 헬레니즘 사상이 같은 뿌리인 그리스 사상의 두 계보로 나누어지는 것과 같다. 폴리스 사상이 플라톤과 아리스토텔레스에 의해서 대표되는 정치철학이라면, 에피쿠로스와 스토아에 의해서 대표되는 헬레니즘 사상은 탈정치적, 인간 개인 중심의 사상이 기조를 이루고 있다. 공맹학(孔孟學)으로 불리는 중국의 유가사상은 궁극적으로는 치인(治人), 즉 치국평천하(治國平天下)의 이상적 정치공동체를 목표가치로 하고 있었기 때문에 그리스의 폴리스 사상에 비유할 수 있으며, 노장학(老莊學)으로 불리는 도가(道家)사상은 인간의 작위(作爲)나 정치를 초월한 무위이화(無爲而化)에 목적이 있었다는 점에서 아타락시아(ataraxia), 즉 인간 내면의 평정을 최고의 가치로 보는 에피쿠로스 사상에 가깝다고 볼 수 있다. 따라서 정치공동체 내의 개인이나 정치적 인간관계를 전제로 하는 중용사상은 고대 그리스의 경우 폴리스 사상, 그리고 고대 중국의 경우 공맹학의 유가사상에서 그 진수를 찾을 수 있다.

공자와 노자의 전후관계에 대해서는 확인된 정설이 없다. 둘은 동시대인이라는 설명도 있고 공자가 노자보다 또는 노자가 공자보다 출생이 앞선다는 주장도 있다. 그런데 『논어』에는 노자를 인용하거나 노자의 사상에 관한 기술은 보이지 않는다. 노장학이 유가의 인의(仁義)사상의 비판에서 출발한다는 점을 감안한다면 사상 내재적으로는 유가의 인의사상이 먼저 등장했다고 보는 것이 순리에 맞다. 널리 알려져 있듯이 유가의 핵심개념인 인의는 맹자의 산물이다.

『논어』에서는 인(仁)이 80회 이상, 의(義)는 불과 10여 회 등장한다. 두 군데[1] 같은 장(章) 안에 인과 의가 나오기는 하지만 이 경우에도 인과 의가 겹쳐서 인의로 나오지 않고 인 따로 의 따로이며, 『논어』에서는 인과 의가 어디까지나 군자의 덕으로 묘사되고 있을 뿐이다. 이렇게 볼 때 『논어』의 핵심개념은 인이며 인과 의는 군자를 매개로 하여 연결되어 있을 뿐, 복합어 인의라는 새로운 개념을 만든 것은 맹자라고 할 수 있다. 따라서 유가사상에서 인의 개념 또는 인에 대치되는 의의 개념을 설정한 것은 맹자이며 여기에 바로 공맹학의 존재이유가 있다고 볼 수 있다.

공자의 인(仁)사상을 해명하기 위해서는 먼저 그의 인간관을 알아볼 필요가 있다. 공자는 인간성에 관해서 맹자의 성선설(性善說)처럼 명시적인 주장을 하지 않았다. 여기서는 공자의 직접적인 언술과 『논어』의 내용에서 공자의 인간관을 추출해보고자 한다. 『논어』에서는 인간을 여러 가지 유형[2]으로 나누고 있는데, 성인(聖人), 군자(君子), 소인(小人)의 세 가지 분류가 대표적이다. 『논어』의 정의에 의하면, 성인은 "백성들에게 널리 베풀고 대중을 구제하는 사람"[3]이다. 그리고 군자는 "성인의 말을 두려워한다"[4]고 함으로써 성인을 군자의 상위 개념으로 보고 있다. 또한 군자는 경(敬)으로 자기를 수양하고, 자기를 수양하여 남을 편안하게 하고, 자기를 수양하여 백성을 편안하게[5] 하는 사람이기 때문에 성인에 가까운 사람이라고 할 수도 있다.

논어의 문맥에서 보면 수기치인(修己治人)에 단련된 사람이 군자이고 그 탁월성에서 군자가 도달할 수 있는 최고의 경지가 성인이다. 수적(數的) 이미지에서 보면 상대적인 다수인 군자 가운데서 1인 또는 극소수의 성인의 탄생을 예고하고 있으며 역사적으로는 요(堯), 순(舜)을 연상하게 한다. 이렇게 볼 때 군자는 자기의 도덕적 완성을 위해서 치열하게 노력하는 사람으로 성인이 될 가능성을 가지고 있으나 현실적으로는 어렵다고 보는 것이다. 성인은 수기치인의 최고봉의 인간이며 도덕적으로나 정치적으로 이상적인 지도자로서 플라톤의 철인왕(哲人王)과 같은 유형의 인간이다.

『논어』에서 소인은 군자와의 대비에서 분명하게 규정되어 있다. 소인과 군자는 전통적인 의미의 신분이나 근대적인 의미의 계급과 반드시 일치하는 것은 아니나, 도덕성의 우열관계에서 엄연히 구별되며 양자 간의 사회적 이동은 차단되어 있다. 『논어』에는 "군자가 불인(不仁)일 수 있으나 소인이 인자(仁者)일 수는 없다"[6]고 분명히 못 박고 있다. 이 경우 군자가 때로는 불인(不仁), 즉 소인이 될 수 있다고는 했지만 이것은 어디까지나 군자의 몸가짐에 대한 경고이며 소인의 군자화(君子化)는 원천적으로 봉쇄되어 있다. 공자에 의하면 "지극히 지혜로운 사람(上智)과 지극히 어리석은 사람(下愚)은 이동이 없다(不移)."[7] 주자의 주석에서도 하우(下愚)는 학습에 의해서 바뀌지 않는다. 이는 흡사 고대 그리스의 플라톤 사상에서 수호자 계급과 평민 계급 간의 사회적 이동이 차단된 것과 크게 다를 것이 없다.

　소인은 군자와의 관계에서 도덕적 우월성을 기준으로 보았을 때의 집단 개념인데 이를 정치적인 치자와 피치자의 관계에서 볼 때는 민(民)이라는 집단 개념이 된다. 『논어』에서는 지도자가 선(善)하려고 노력하면 민이 선해질 것이라고 하고, 군자를 바람(風)에, 소인을 풀(草)에 비유하여 소인이 바람에 따라 기울어지는 민으로 기술되고 있다.[8] 이러한 군자와 민의 관계를 정치적 관점에서 보면 치자인 군자는 피치자인 민을 기르고 쓰는 입장에 있고, 피치자인 민은 치자인 군자의 정치적 지배의 객체이다. 민, 즉 소인은 군자의 도덕적 우월성을 바탕으로 하는 정치적 지배에 복종해야 하는 사람이다. 거꾸로 말하면 민, 즉 소인의 경복(敬服)을 받으려면 지도자, 즉 군자의 치열한 자기 수련과 그것을 바탕으로 하는 치인(治人)의 역량이 요구되는 것이다.

　이렇게 볼 때 공자의 인간관에서 중심개념은 어디까지나 군자로서 인간은 학(學)에 의해서 군자가 될 가능성을 가지고 있으나 군자는 성인의 경지에 이를 수 있는 가능성과 소인으로 추락할 수 있는 가능성을 함께 가지고 있다. 그렇기 때문에 『논어』의 전편에서 군자에게 치열한 수기치인의 도(道)를 요구하고 그에 따른 가혹하리만큼 엄격한 경고를 보내고 있는 것이다. 그런 점에서 『논어』는 군자지학(君子之學), 즉 군자학(君子學)

으로서 고대 중국의 정치지도자론의 원형이며, 한편 수기의 학, 즉 윤리학인 동시에 다른 한편 치인의 학, 즉 정치학인 것이다. 이 점은 고대 그리스에서처럼 윤리학과 정치학, 철학과 정치학이 분리되지 않고 종합학으로서의 정치학을 학문의 으뜸으로 규정한 것과 유사하다. 따라서『논어』는 고대 중국의 윤리학과 정치철학의 고전으로 지금까지 그 사상이 면면히 이어지고 있다. 그리고『논어』의 학은 이론과 실천을 다루고 있지만 후자에 역점을 둔 실천학이라는 점에서 훗날 고대 그리스의 아리스토텔레스가 많은 이론을 다루면서도 정치학을 이론학이 아닌 실천학의 카테고리에 넣은 것과 닮았다. 그런데 주목해야 할 것은 군자학의 교본인『논어』에서 공자는 군자가 추구해야 할 중심 가치가 중용임을 분명히 밝히고 있다는 점이다.

2) 중용의 일상화와 시중(時中)

앞에서 지적했듯이『논어』는 공자 이전의 고대 중국에서 폭넓게 사용되어온 중 개념에 용을 붙여서 만든 중용이라는 개념이 처음으로 등장하는 고전이다.『논어』에서 공자는 이 중용의 개념을 과, 불급이 없는 것으로 포괄적인 정의를 내린다. 그런데 중용은 그후 사상의 심화과정에서 등장하는 시중 개념에 의해서 이상과 현실의 매개 개념으로 뿌리내리기 시작한다.

『논어』에서는 아직 시중 개념이 등장하지는 않으나 시중의 의미를 담은 언술이 많고 이 시중적 사고방법은 저울질, 균형을 의미하는 권(權)의 개념과 함께 중용 개념의 일상화와 정치화를 촉진하게 된다. 『논어』에서 권 개념은 제9편 자한(子罕)에서 처음 등장하는데, 이때 명사로서의 권은 사물의 무게를 재는 저울 추(錘)이며, 동사로서의 권은 사물의 경중을 저울질하여 의(義)에 합하게 하는 것이다. 실제로 권은 성인의 대도(大道)라고 할 만큼 고난도의 판단을 요한다.

앞에서 지적한 것처럼 주자는 공자의 중용 개념을 중과 용으로 나누어 설명하고 있다. 즉 중은 과불급이 없는 것이고 용은 평상의 뜻으로 받아들인다. 다산은 중용의 해석에서 중을 과불급이 없는 것으로 파악하는 데에는 주자와 다를 바 없으나 시중과 권의 의미를 강조하는 것이 특색이다. 그는 거의 모든 중용의 사례를 시중지의(時中之義)의 선택으로 해석하고 있다. 주자가 12세기, 다산이 19세기의 사상가라는 점을 감안한다면 주자 시대보다 다산 시대에 중용사상의 일상화, 정치화가 진전된 것은 당연한 것이다.

다산은 공자의 "君子至於天下也 無適也 無莫也 義之與比"를 주석하면서 "군자는 천하의 모든 사물에 대하여 꼭 한다는 것도 없고 꼭 말아야 된다는 것도 없다. 오직 의에 따라 의에 맞으면 이를 실행하고 맞지 않으면 그만두는 것이다. 이것이 이른바 시중지의인 것이다"[9]라고 말한다. 다시 말해서 행위의 의도와 결과가 불일치해 선한 의도가 악한 결과를 낳고 악한 의도가 선한 결과를 낳을 수도 있기 때문에 군자는 친소(親疏)에 얽매이거나 사전에 자신의 선입관에 좌우되어서는 안 된다는 것이다.

다산은 하나의 원칙을 가지고 그때그때의 상황에 맞게 선택하는 과정을 중시하고 상황적 선택의 원칙으로 거의 예외 없이 시중지의, 사상 내재적으로는 후술하는 아리스토텔레스의 실천적 지혜, 즉 사려와 같은 의미의 권의 중요성을 강조하고 있다. 이를테면 다산은 "몸을 세워 동요가 없는 것은 입(立), 평형을 이루어 도(道), 즉 중용의 도를 얻는 것은 권"[10]이라고 한다. 성인이 중용의 도를 선택한다는 것은 바로 저울질하는 사람이 눈금을 찾아서 저울추를 안정시키는 것과 같다. 여기서 우리는 다산이 중용을 시중 개념과 권형(權衡), 즉 권도(權道)에 의한 균형 개념으로 이해하고 있다는 것을 알 수 있다. 마치 현대 정치철학자 존 롤스가 원칙과 상황의 여러 요인의 균형화 과정을 중시하는 성찰적 균형(reflective equilibrium)[11]과 유사하다.

공자는 『논어』에서 수기치인의 모델인 군자의 자질과 능력을 광범하게 다루고 있는데 군자 즉 탁월한 지적, 정치적 지도자의 기준이 바로 중용이다. 공자는 "군자는 중용을 하고 소인은 중용을 반대한다"[12]고 하여 중용을 기준으로 군자와 소인을 극명히 대비하고 있다. 『논어』 20편 중에는 아래와 같이 중용의 관점에서 군자의 자질을 논한 언술들이 많다.

"예(禮)의 효용은 조화를 귀하게 여기는 것이다. 선왕의 도도 그래서 아름다운 것이다."[13]

"군자는 남과 조화는 하지만 뇌동은 하지 않고, 소인은 뇌동은 하지만 조화는 하지 않는다."[14]

"군자는 남과 두루 친하기는 하지만 자기들끼리 편당(偏黨)은 하지 않으며, 소인은 자기들끼리 편당을 하지만 두루 친하지는 않는다."[15]

"군자는 장엄하게 행동하면서 다투지 않고 무리를 짓기는 하지만 당파에 휩쓸리지 않는다."[16]

"군자가 용맹만 있고 의가 없으면 난(亂)을 일으키고, 소인이 용맹만 있고 의가 없으면 도적이 된다."[17]

"군자는 먹되 포식하지 않으며……일에는 민첩하나 말에는 조심한다……."[18]

"……즐거워하면서도 지나치지 않고 슬퍼하면서도 조화를 해치지 않는다."[19]

"많은 재물과 높은 벼슬은 사람들이 원하는 것이나 그것이 정당한 도(道)를 통해서 얻은 것이 아니면 받아들이지 말아야 한다."[20]

"공자는 온화하지만 엄숙하며 위엄이 있지만 사납지 않으며 공손하지만 편안하다."[21]

"공손하면서 예가 없으면 헛되이 수고롭기만 하고 조심하면서 예가 없으면 두려워하기만 하고 용맹스러우면서 예가 없으면 난폭하기만 하고 강직하면서 예가 없으면 위태롭다."[22]

"염유(冉有)는 소극적이기 때문에 보다 적극적으로 나아가게 한 것이고, 자로(子路)는 남보다 훨씬 적극적인 까닭에 물러서게 한 것이다."[23]

"군자는 태연하지만 교만하지 않고, 소인은 교만하지만 태연하지 않다."[24]

"오직 성인이라야 중용과 조화의 기운이 있는 것이다."[25]

"공자의 도(道)는 충서(忠恕)일 뿐이다."[26]

"지나친 것은 모자라는 것과 똑같다."[27]

"아! 순(舜)아 하늘의 운명이 네 몸에 있으니 진실로 중용을 지켜라."[28]

예(禮)는 천리(天理)에 적합한 모습(節文)이며 인간이 지켜야 할 의식과 법칙으로서 조화를 지향하는 중용의 외적 양태(樣態)라고 할 수 있다. 화이부동(和而不同)은 자기의 중심을 지키면서 타자와 조화를 이룬다는 의미로 중용의 최고의 덕목 중 하나이다. 위에 열거된 군자의 행동양식은 극단이나 어중간(於中間)이 아닌 중심을 잡는 중용의 사례들로서 화이부동의 다양한 모습이라고 말할 수 있다.

공자의 과유불급(過猶不及), 즉 "지나침은 모자람과 같다"는 것과 훗날 주자의 무과불급(無過不及), 즉 "지나침과 모자람이 없는 것"은 고대 중국 이래 동양의 중용사상에 대한 가장 고전적인 정의(定義)이다. 이 정의는 그 개념의 외연(外延), 즉 과, 불급이 아니라는 점에서 고대 그리스의 플라톤과 아리스토텔레스의 중용의 정의와 같다. 그러나 중용 개념의 내포(內包), 즉 의미내용은 그 시대와 장소의 상황과 조건에 따라서 다를 수밖에 없다. 따라서 중용은 시중으로 재창조되고 재해석될 수밖에 없는 것이다. 이를테면 공자가 중용사상의 핵심 가치로 본 충서(忠恕)의 경우 자기의 정성을 다하는 것(盡己)이 충(忠)이고, 미루어 남을 생각하는 것(推己)이 서(恕)이다. 전자를 천도(天道), 후자를 인도(人道)라고도 한다. 그런데 현실의 인간관계에서 보면 충서가 부자관계인 경우는 효(孝)로 나타나고, 형제관계로 나타나면 제(悌)가 되는 것이다.

충서, 효제의 실현은 일상생활에서의 인간관계의 조화의 극치이며 후술하는 바와 같이 정치생활에서도 이러한 인간관계의 연속성을 기대했던 것이다. 이처럼 공자는 『논어』에서 중용이라는 개념을 만들어 정의를 내렸고, 그 중용을 일상생활에서나 정치생활에서 최고의 덕목으로 정립했다. 위의 예에서 보듯이 중용은 일상적이고 윤리적인 규범일 뿐만 아니라 유교의 이상정치의 모델이었던 요순시대를 관통하는 격률(格率)로서 요임금이 순임금에게 자리를 물려주면서 윤집기중(允執其中), 즉 "진실로 중용을 지키라"고 명령하고 있다.

여기서 주목해야 할 것은 공자가 인간의 감정과 행위에 관한 수많은 사례를 들면서 도덕적, 정치적 지도자로서의 군자의 자질에 관해서 거의 예외 없이 중용의 덕을 강조하고 있다는 점이다. 그런데 공자는 중용의 자원을 일상성에서 찾으면서도 중용을 선택하고 지킨다는 것이 지극히 어렵다고 하고, 때로는 차선의 선택이 중용인 경우가 있음을 지적하고 있다.

공자는 백이(伯夷), 숙제(叔齊), 유하혜(柳下惠)의 인간됨됨이를 설명하면서 현실에는 수기치인의 면에서 완전한 성인군자가 나타나기 어렵기 때문에 시중의 관점에서 허용될 수 있는 차선의 인물도 중용의 범주에 넣어서 평가하고 있다. 즉 이들은 비록 중용의 덕에 일치하지 않으나 차선으로서 본받을 수 있다고 본 것이다. 공자는 "자기 뜻을 굽히지 않고 자기 몸을 욕되게 하지 않은 사람은 백이와 숙제"라고 했고, 유하혜를 평가하여 "자기의 뜻을 굽히고 몸도 욕을 보았지만 말이 윤리에 맞고 행동이 사려에 맞다"고 했다.[29]

또한 공자는 중용을 실천하는 사람과 함께 지내지 못한다면 차라리 뜻이 높은 사람(狂者)이거나 행동이 분명한 사람(狷者)과 같이 하고 싶다고 했다.[30] 광자(狂者)는 행동이 말을 따라가기 어려우나 뜻과 의욕이 높은 사람이고 견자(狷者)는 지식은 모자라지만 약속을 지키는 사람이기 때문이다. 중요한 것은 이 광견자들은 최선의 중용인(中庸人)이 없을 경우의 차선의 의미를 가지는 것이다.

중용이 지극히 어렵다는 인식과 가능한 중용의 선택을 함께 지적한 공자의 사상은 맹자에게서 더욱 현저히 나타나고 있다. 후술하는 바와 같이 이데아(Idea)에 바탕을 둔 철인왕의 정치를 주장했던 플라톤이 그것이 현실적으로 어렵다는 사실을 알고 차선으로 정치가에 의한 정치, 법에 의한 정치에 기대를 건 것과도 닮았다.

3) 인과 중용

『논어』에서 공자는 논리적인 설명 대신 직관적인 언술이나 비유의 방법으로 그리고 행위의 내용으로 인(仁)의 의미를 전달하고 있다. 공자 이전 고대 중국의 고전에서도 '어짊', '어질다'의 의미를 가진, 당시의 통념으로서의 인이라는 글자는 많았다. 『서경(書經)』의 「주서(周書)-금등(金縢)」에는 "나는 아버지에게 어질고 순해서(予仁若考)"[31]라는 말이 나오고, 『시경(詩經)』의 「정풍(鄭風)-숙우전(叔于田)」에도 "진실로 아름답고 어질도다(洵美且仁)"[32]라는 구절이 있다.

『좌전(左傳)』에는 30여 개의 인 자가 보이는데 대체로 인애

(仁愛), 인후(仁厚)의 의미로 쓰였다. 공자에 이르러 인은 윤리학과 정치철학의 핵심개념으로 등장한다. 『논어』에 등장하는 인은 근원적 덕(德)으로서 다음과 같이 때와 장소에 따라서 다양한 방법으로 이해되고 있다.

"효도와 공손이 인을 실천하는 근본이다."[33]

"마을에 인의 덕을 갖춘 사람의 삶이 아름답다."[34]

"인하지 않은 사람은 오래도록 곤궁하게 되면 견디지 못하고 또 오래도록 즐거움을 누리지 못한다. 인한 사람은 인을 지키는 것이 편안하고, 지혜로운 사람은 인을 이롭게 여긴다."[35]

"지혜로운 사람은 물을 좋아하고 어진 사람은 산을 좋아한다."[36]

"지혜로운 사람은 현혹되지 않고 어진 사람은 근심하지 않는다."[37]

"자기의 욕심을 이겨내고 예를 회복하는 것이 인을 실현하는 것이다."[38]

"인은 사람을 사랑하는 것이고 지혜는 사람을 알아볼 줄 아는 것이다."[39]

"강하고 굳세고 질박하고 어눌한 것이 인에 가깝다."[40]

"어진 사람은 반드시 용기가 있지만 용기가 있는 사람이 반드시 어질지는 않다."[41]

"군자로서 어질지 않은 사람은 있지만 소인으로서 어진 사람은 없다."[42]

"공손함, 너그러움, 믿음, 민첩함, 은혜로움, 공손하면 업신여김을 받지 않고, 너그러움은 많은 사람을 얻게 되고, 믿음이 있으면 남들이 맡겨주고, 민첩하면 공로가 있고, 은혜로우면 사람 쓰는 것이 어렵지 않다."[43]

"공교로운 말과 얼굴 표정을 잘 꾸미는 사람은 어진 사람이 드물다."[44]

"사람으로서 인하지 아니하면 예(禮)를 배워 무엇하며 사람으로서 인하지 아니하면 악(樂)을 배워 무엇하리오."[45]

"인자는 어려운 일을 남보다 앞서서 하고 이끗을 얻는 일은 남보다 뒤에 한다."[46]

『논어』 전체를 통해서 인에 대한 공자의 가장 간명한 정의는 애인(愛人), 즉 인간을 사랑하는 것이다. 그리고 공자는 인을 다섯 가지 덕목, 즉 공(恭), 관(寬), 신(信), 민(敏), 혜(惠)로 정의하고 있다. 인은 사람과 사람 사이에 나타나는 관계 개념이라고 본다면, 인은 인간관계에 나타나는 사랑이며 공손함, 너그러움, 믿음, 민첩함, 은혜로움의 덕목은 사랑을 내포하고 있다고 보아도 좋을 것이다. 인은 덕의 총체로서 최고의 덕이며 많은 덕목의 근본이 된다.

『논어』에서는 인의 실천으로 극기복례(克己復禮)를 주장한다. 인 자체는 인간관계에서 발생하는 것이기는 하지만 인을 행하는 것은 어디까지나 자기 자신으로 말미암은 것이며 남으로 말미암은 것이 아니다. 타인에 대한 배려나 사랑도 자기의 내면적 수기(修己)에서 나오는 것이다. 그리고 불인(不仁)한 사람은 조화의 질서인 예를 알 수 없기 때문에 치열한 극기를 통해서 예를 회복함으로써만이 인의 실현이 가능한 것이다.

편벽한 지식과 자기주장을 고집함으로써 더 큰 지식으로 나아갈 수 없는 것은 지적 감수성의 마비이며 공자가 호학(好學)을 강조한 것은 이러한 지적 감수성[47]을 열어놓고자 함이다. 호학은 배움을 좋아함으로써 지(知)에 이르는 것인데 배우면 배울수록 지(知)와 무지(無知)의 차이를 알게 된다. 공자가 학지(學知)의 의미를 강조한 이유도 바로 여기에 있다. 공자와 소크라테스는 지에 이르는 방법은 다르나 지적 성숙의 의미는 공유하고 있다. 공자가 "아는 것을 안다고 하고 모르는 것을 모른다고 하는 것이 바로 아는 것이다"[48]고 한 것은 소크라테스의 무지의 지와 다를 바가 없다. 인의 주체인 군자도 수기에 소홀하면 불인할 수 있고 소인은 아예 인자가 될 수 없다.

공자 스스로가 그랬듯이 군자가 인을 드물게 말하는 것은 행(行)을 두려워하기 때문이다. 목눌(木訥), 즉 질박하고 어눌한 것이 인에 가깝고 교언영색(巧言令色)은 인이 드물다고 한다. 『논어』의 마지막 문장에서 "말을 몰라서는 사람을 알 수 없다"[49]하여 지언(知言)의 중요성을 강조한다. 지언은 언어의 정확한 앎이다. 그의 정명사상(正名思想), 즉 "이름을 바르게 한다"는 것은 언어의 참다운 의미에서의 정확성, 정체성을 의미한다. "정치는 바르게 하는 것(政者正也)"의 예로 임금의 임금다움(君君)과 신하의 신하다움(臣臣)을 든 것[50]은 언행일치를 통한 언어의 정체성을 강조한 것이다. 그리고 앞에서도 지적한 것처럼 『논어』에서는 시중이라는 말은 등장하지 않지만 시중의 내용을 담은 사례들이 많으며, 공자는 언어에 대해서도 시중의 중요성을 잊지 않고 있다.[51]

인(仁)하지 않은 사람은 즐거움도 오래 누리지 못하고 어려움도 오래 견디지 못하나 인자는 오히려 어려운 일을 남보다 앞서서 하는 사람이다. 이것이 바로 "내가 상대방의 입장이 되어 생각하는" 서(恕)이다.[52] 공자가 말한 살신성인(殺身成仁)[53]은 자기 몸을 죽여서 인을 완성한, 서의 극치라고 할 수 있다. 이처럼 충서는 부자(父子)와 형제의 사랑을 핵심으로 하는 효제와 함께 인의 근본인 동시에 중용사상의 근간을 이룬다.

공자는 『논어』의 마지막 제20편 요왈(堯曰) 장에서 "어떻게 하면 정치를 잘할 수 있습니까"라고 묻는 자장(子張)을 향하여 다섯 가지 아름다움(五美)으로 불리는 중용의 미덕을 제시한다. 군자는 "혜택을 받더라도 허비하지 않으며" "괴롭더라도 원망하지 않으며" "추구하지만 탐하지 않으며" "태연하면서도 교만하지 않으며" "위엄이 있으면서도 사납지 아니해야" 한다.[54]

이상에서 우리는 공자의 직접 언술이나 『논어』에 나타난 인간관의 분석을 통하여 공자의 인과 중용에 대한 관점을 찾아보았다. 이러한 분석의 기저에는 우리가 의식하건 의식하지 않건 간에 주자의 해석에 크게 의존하고 있음을 부정할 수 없다. 왜냐하면 논어에 등장하는 열쇠 개념들을 분석적으로 이해하기 위해서는 주자의 설명과 해석으로부터 완전히 자유로울 수 없기 때문이다.

그런데 다산 정약용은 주자의 해석에 이의를 제기하며 나름대로의 해석을 내놓고 있다. 다산도 유가사상의 기본개념인 중용에 대한 이해에서 주자와 크게 다를 것이 없으나 주자와 다산이 처한 상황을 고려한 고전 해석은 그 자체가 시중지의이며 다산의 주석이 시기적으로 가장 최근의 것으로서 그만큼 근대적 감각에 가까울 수 있다. 그렇다면 다산은 『논어』에 나타난 공자의 인과 중용을 어떻게 해석하고 있는가.

공자는 맹자처럼 분명한 성선설의 입장을 표명하고 있지는 않으나 그의 인사상에서 어느 정도 인간성에 내재하는 선성(善性)을 전제로 하고 있다고 볼 수 있다. 이에 비하면 조선의 근대의 길목에 선 다산의 사상에서 실사구시 내지 근대적 공리(功利)의 관점이 들어 있는 것 또한 놀라운 일이 아니다. 이를테면 다산은 인간성에 내재하는 선과 악을 소여(所與)로 받아들이면서 인간의 선악에 대한 도덕적 평가보다는 그 인간의 업적과 결과에 대한 평가를 중시하고 있다. 다음과 같은 다산의 진술은 그가 이미 세계사적 수준에서도 근대인의 면모를 나타내기 시작했음을 보여준다. 다산은 선과 악이란 음양(陰陽)과 같은 것이어서 양이 아니면 음이며 음이 아니면 양이라고 한다. 일견 선악이분법으로 들리나 선악을 절대적인 이분법이 아니라 상대화의 관점에서 보고 있으며, 그 평가도 어디까지나 업적에 의한 상대적인 평가임을 알 수 있다.

"공자는 음악을 의논하면서 인품을 의논하지 않았다. 그러므로 소(韶)와 무(武)를 논하면서 순(舜)과 무(武)의 선(善), 불선(不善)을 논하지 않았던 것이다."[55] 다산의 인간성에 대한 선악의 평가는 동기보다는 결과, 명분보다는 실용, 도덕적 평가보다는 정치적 업적이 기준이라고 말할 수 있다. 우리는 여기서 인욕과 천리를 회피와 추구의 대상으로 보는 주자학적 인간관에 익숙해 있던 다산의 내면에 이미 천리와 인욕의 투쟁이 일어나고 있고, 서서히 후자 즉 근대적 의미의 공리 내지 실리로 중심이 이동하고 있음을 볼 수 있다.

이 점은 다산의 『논어』 해석 특히 그 가운데에서도 중용의 해석에서 현저히 나타나고 있다. 넓은 의미의 중용, 즉 과불급이 없는 상태라는 기본관점을 소여로 받아들이면서도 그 현실성, 상황성, 구체성을 중심으로 중용을 해석하고 있는 것에 주목하지 않을 수 없다. 공자 사상의 중심개념인 인, 충서, 효제

및 그것을 바탕으로 하는 중용도 그 판단기준이 형이상학적 논의나 원리적 명분론에 머무르지 않고 구체적 실천과 그 결과인 업적에 있음을 쉽게 읽을 수 있다.

무엇보다 다산은 공자의 인사상을 시중과 권형의 관점에서 파악하고 있다. 그는 저울에 균형점을 맞추는 과정을 인에 비유하면서 저울이 한쪽으로 치우치지 않으려면 균형감각이 필요한데 이것을 인이라고 한다. 균형감각을 위해서는 자기의 정체성을 지키되 독선이나 고집에 빠져들지 말고 타자의 눈으로 역지사지(易地思之)할 수 있는 힘이 필요한데 이를 극기(克己)라고 하고, 이 극기를 타자와의 관계 개념으로 파악하면 서가 된다. 이렇게 볼 때 인이 원론이라면 서는 각론이 되며 원론과 각론, 원칙과 현실을 이어주는 기준이 시중이요, 권인 것이다.

공자의 인사상의 핵심인 충서도 다산에게는 서의 개념이 전면에 부각된다.

① "서는 인의 방법이다."[56]
② "충서는 바른 마음으로 서를 하는 것이다."[57]
③ "괴로운 일은 내가 먼저하고 이로운 일은 다른 사람이 하고 난 뒤로 미루는 것, 이것이 곧 서의 길이다."[58]
④ "서에는 두 가지 종류가 있다. 하나는 추서(推恕)요, 다른 하나는 용서(容恕)이다. 옛 경전에는 추서만 있고 용서는 없다.

주자가 말한 것은 용서이다.……추서는 자신을 가다듬는 것을 위주로 하여 선을 실천하는 것이고, 용서는 타인을 다스리는 것을 위주로 하여 남의 잘못에 관대한 것이다.……추서만이 (인의) 요긴한 방법이다."[59]

위에서 보듯이 서에 관한 다산의 언술들을 종합해보면 내면적인 덕으로서의 인은 실천적인 덕, 즉 서를 통해서 나타난다. 서의 덕은 타인의 선에 대한 배려라는 관점에서 정의의 덕이며 덕치(德治)는 정치의 목적인 정의의 덕을 실천하는 것에 다름 아니다. 다산에 의하면 정치를 올바르게 하고 백성들로 하여금 그 정치를 따르게 하는 지도자의 행위가 바로 덕이며 덕으로 정치하는 것은 자신의 올바름으로 남까지 올바르게 하는 것이다.

이처럼 다산은 "자신이 하고자 하지 않은 것을 남에게 베풀지 않는다"[60]는 공자의 언술의 핵심, 즉 타자와의 관계에서 타자를 배려하는 행위를 중심으로 인을 파악하고 있다. 그리고 다산은 정치는 정의(올바름)라고 한 공자의 판단을 꿰뚫고 있고, 아리스토텔레스의 명제, 즉 타인의 선(other's good)을 배려하는 최고의 덕으로서의 정의의 핵심내용을 공유하고 있다.

다산에게 덕은 이미 수기 차원에 머물러 있지 않고 치국(治國)의 술(術)(安民被其澤)로서의 의미를 가지며 도덕적 가치를 넘어 강력한 정치적 실천력을 내포하고 있다. 『논어』에서의 중용 관련 언술들에 대한 다산의 해석에서도 원론적 해석이나 추상적 논의는 거의 없고 시중지의와 권형(또는 권도), 즉 상황성, 현실적인 조건과 과정 등 정치적 사고에서 빼놓을 수 없는 특징들을 골고루 갖춘 정치적 사려 내지 정치적 중용의 사고가 내재되어 있다.

2. 맹자의 인의(仁義)와 중용

1) 성선설

맹자는 공자의 가장 정통적인 후계자로 공자 사상의 근본이 인이라면 맹자는 인의를 사상의 근본으로 삼았다. 당(唐)의 한유(韓愈)에 의하면 박애가 인이고 인을 좋게 하는 것이 의이며 이 인의를 실천하는 것이 도이다. 맹자 사상의 특징은, 『논어』에서는 본격적인 논의가 없었던 성선설의 전개이다. 그의 성선설에 의하면 인간은 인의지심(仁義之心)을 고유하고 있기 때문에 본성이 선하며 이 착한 본성의 확충으로 인간은 성인인 요순이 될 수 있는 가능성을 가진 존재이다.

『논어』에서 공자는 일반론으로 인간의 성(性)은 서로 가깝다(相近)고 말하고 학습의 결과에 따라서는 서로 다를(相違) 수도 있다고 본다. 그러나 앞에서 지적했듯이 상지(上知)인 성인과 하우(下愚)인 민(民)은 이동하지 않기(不移) 때문에 학습에 의해서도 그 성은 변하지 않는다고 본다. 이처럼 공자의 인간관은 맹자와는 달리 인간은 그 도덕성에 의해서 성인, 군자, 소인으로 구별되는 존재이다. 그리고 이렇게 구별된 개개인 간의 성은 바뀌지 않는다. 공자는 개개인 간의 성이 그 출발점에서는 "서로 가깝다"고 하여 맹자의 관점을 연상시킬 수 있으나, 맹자처럼 그 성을 선하다고 말하지 않고 학습에 따라서 성이 달라질 수 있다고 보았던 것이다.[61]

여기서 주목해야 할 것은 공자도 명시적으로 인간성이 악(惡)하다고 말하고 있지 않다는 점이다. 따라서 공맹학으로 불리는 유가의 인간관을 성선설로 보는 관점을 공자의 사상을 논거로 거부할 수는 없다.[62] 공자는 선함을 내재하고 있는 인을 주장하면서도 그 인의 주체인 인간의 본성에 대한 형이상학적인 논의를 전개하지 않았다. 인간의 성을 근거지우는 유가의 개념인 천(天)이나 천도(天道)에 대해서도 거의 언급이 없다.

맹자는 인류사에서 인간의 본성이 선하다는 이른바 성선설을 자각적으로 주장한 최초의 사상가라고 할 수 있다. 성선이라는 말은 "맹자가 성이 선함을 말하되 언필칭 요순을 들었다(孟子道性善 言必稱堯舜)"[63]에 처음 나온다. 성선설의 관점에서 요순을 계승하는 것이 맹자 사상의 핵심이다. 보통사람(衆人)과 요순이 처음에는 다름이 없으나, 보통사람은 사욕에 빠져 본성을 잃었고 요순은 사욕에 사로잡히지 않고 그 본성에 충실했을 뿐이다.

맹자에 의하면 인간은 자기의 고유한 성에 따라서 인의를 실현할 수 있다. 그는 고자(告子)와의 논쟁을 통하여 자신의 성선설을 전개하고 있는데, 그 쟁점은 대체로 다음과 같다.

첫째 나무(杞柳)의 비유를 통한 성과 인의의 관계이다.[64]

> 고자 : "성은 땅버들 나무(杞柳)와 같고 의는 그 나무로 만든 그릇과 같으니 사람의 본성을 가지고 인의를 행함은 기유(杞柳)를 가지고 그릇을 만드는 것과 같다."
>
> 맹자 : "그대는 기유의 성질을 순하게 하여 그릇(桮棬)을 만드는가?……만일 기유를 해쳐서 그릇을 만든다면, 또한 장차 사람을 해쳐서 인의를 한단 말인가?"

고자는 인간이 나무(杞柳)를 소재로 하여 나무 그릇(桮棬)을 만드는 것과 같이 성을 소재로 하여 의를 만든다고 한다. 그에 의하면 인성은 본래 인의가 없다. 이에 대하여 맹자는 인간의 성이 인의라고 말함으로써 인간은 본래 인의를 고유하고 있는 것이지 나무를 구부려 그릇을 만들 듯이 성을 소재로 하여 인위적으로 인의를 만드는 것이 아니라고 반박한다.

둘째 물(湍水)의 비유를 통한 성과 선의 관계이다.[65]

고자 : "성은 여울물과 같다. 그리하여 이것을 동쪽으로 터놓으면 동쪽으로 흐르고 서쪽으로 터놓으면 서쪽으로 흐르니 인성이 선과 불선의 구분이 없음은 마치 물이 동과 서의 구별이 없는 것과 같다."

맹자 : "물은 진실로 동서에 구별이 없고 상하에도 구별이 없단 말인가? 인성의 선함은 물이 아래로 내려가는 것과 같으니 사람은 불선한 사람이 없으며 물은 아래로 내려가지 않는 것이 없다."

"지금 물을 쳐서 튀어오르게 하면 이마를 지나게 할 수 있으며 격하게 흘러가게 하면 산에 있게 할 수 있지만 이것이 어찌 물의 본성이겠는가? 그 세(勢)가 그렇게 만든 것이다."

고자의 주장은 물의 흐름에 동서의 구별이 없는 것처럼 인간의 성에 처음부터 선과 불선의 구별이 없다는 것이다. 이에 대해서 맹자는 물이 언제나 낮은 곳으로 흐르는 성질을 가지고 있는 것처럼 인간의 성은 원래 선이며 인간이 불선을 행하는 것은 성이 아니라 그 본성을 거스르는 세 때문이라고 한다.

셋째 색깔(白色)의 비유를 통한 성과 생(生)의 관계이다.[66]

고자 : "생의 본능은 성이다."

맹자 : "생의 본능을 성이라 함은 백색을 백색이라고 이르는 것

과 같은 것인가? 그렇다면 백우(白羽)의 흰색이 백설의 흰색과 같으며 백설의 흰색이 백옥의 흰색과 같다는 말인가?" "그렇다면 개의 성이 소의 성과 같으며 소의 성이 사람의 성과 같다는 말인가?"

여기서 고자는 생, 즉 성을 주장하고 맹자는 생이 성이 아니라고 반론을 제기한다. 맹자에 의하면 고자처럼 생이 성이라면 사람의 성과 개나 소와 같은 동물의 성의 구별이 되지 않는다. 따라서 생은 성이 아니며 인간의 성은 동물의 성과 다르다. 맹자에 의하면 생은 인간과 동물에 공통한 것이나 생과 성은 같지 않다는 것이다.

넷째 인간의 본성은 선과 악 그 어느 것도 아니라는 고자의 관점 및 그와 유사한 견해에 대한 맹자의 반론이다.[67]

고자: "성은 선함도 불선함도 없다."
어떤 사람: "성은 선할 수도 있고 불선할 수도 있다."
어떤 사람: "성이 선한 사람도 있고 불선한 사람도 있다."
맹자: "그 정(情)으로 말하면 선하다고 할 수 있으니 이것이 소위 (性)선이다."

고자는 인간성을 선도 불선도 아닌 백지로 보고 있고, 어떤 사람은 인간의 본성이 선과 악 양면을 가지고 있기 때문에 선을 행할 수도 있고 악을 행할 수도 있다고 한다. 그리고 어떤 사람은 인간은 날 때부터 선한 사람도 있고 악한 사람도 있다고 한다. 이에 대해서 맹자는 인간의 본성은 일견 불선하게 보일 수도 있으나 그 인간본성이 자연스럽게 발로되면 누구나 선하게 나타난다고 하고, 설령 인간이 불선한 행위를 한다고 하더라도 그것은 타고난 죄(才之罪)가 아니고 물욕(物慾)과 같은 외적 조건에 의한 일시적인 과오일 뿐이라고 한다.

요컨대 인간의 성은 선이며 인간이 불선을 하는 것은 어디까지나 외적 조건에 의한 세 때문이다. 그리고 인간의 성은 동물의 성과 다르다는 점을 강조한다. 이처럼 맹자는 인간본성에 내재하는 선을 옹호하고 있는데, 그것은 존재론적으로 인간이 본디 선하다는 뜻이 아니라 인간이 선해지는 궁극적 원천이 인간 자신에게 내재한다는 의미이다.[68] 맹자는 인간이 내재적으로 가지고 있는 선한 본성을 "사람을 차마 해치지 못하는 마음(不忍人之心)", 인의예지(仁義禮智)의 사단(四端), 인의지심(仁義之心) 등으로 표현하고 있다.

맹자에 의하면 인간은 모두 "불인인지심(不忍人之心)"[69]이 있으며 이것이 없다면 인간이 아니다. 이 "불인인지심"이 바로 인의예지의 사단, 즉 측은지심(惻隱之心), 수오지심(羞惡之心), 사양지심(辭讓之心), 시비지심(是非之心)이다.[70] 맹자에 의하면 타인의 불행에 대한 연민의 정, 동정심, 악을 부끄럽게 생각하고 미워하는 정의감, 연장자에 대한 공경심, 그리고 시비와 선악을 분별하는 판단력 등은 정도의 차이는 있으나 누구나 가지고 있는 마음으로, 구하려고 한다면 얻을 수 있으나 팽개쳐버리면 잃어버릴 수 있는, 인간의 보편적 감성이다. 이 사단은 인간이 사지(四肢)를 가지고 있는 것과 마찬가지로 날 때부터 가지고 있으니 굳이 힘쓰거나 생각해야 아는 것이 아니라 천리(天理)의 자연스러움이다. 인간은 이 사단을 확충하는 것을 알고 있는 존재이다. 그러나 인간은 일상생활에서 사욕(私慾) 때문에 언제나 선을 행하는 것이 아니라 불선을 행하기 쉽다고 경고한다.

2) 인의와 중용

인의예지의 사단 가운데 맹자 사상의 핵심이 바로 인의이다. 인의는 『맹자』의 첫 문장 "왕은 하필 이를 말합니까. 또한 인의가 있을 뿐입니다(王必曰利 亦有仁義而已矣)"[71]에서 처음으로 등장한다. 인간은 인의지심을 본래 갖추고 있지만 그것을 부단히 절차탁마하지 않으면 선을 행하지 못하고 불선하게 되어 짐승과 다를 바 없게 된다. 따라서 인간이 인의를 실현하기 위해서는 일상생활에서부터 인의지심을 기르고 확충하는 것이 필요하다. 여기에 공맹학의 일관된 주제인 수기치인의 치열한 교육(學)의 과정이 전개되는 것이다. 그렇다면 인의지심을 확충하는 교육의 구체적인 과정은 어떤 것인가.

맹자에 의하면 인간이 본래 가지고 있는 인의지심을 확충하는 것, 즉 "진기심자(盡其心者)는 자기의 성이 선인 것을 아는 것이고 그 성을 아는 것은 하늘을 아는 것이다."[72] 다시 말하면 인간이 인의지심을 가지고 자기의 본래의 성인 선을 기르는 것은 천부의 인간성에 순응하는 것이다.

맹자 사상에서 출발점인 동시에 종착점은 인간이 하늘이 부여한 인의지심을 확충하는 것이다. 맹자는 인의지심의 모형을 선왕지도(先王之道)에서 찾는다. 이 선왕지도가 바로 요순의 인정(仁政)[73]이다. 인정은 인의를 실천하는 정치로 보통사람에게는 거의 하늘에 오르는 것과 같아서 이르지 못하는 것이나 이 도에 이르기 위해서는 분명한 기준(規矩)이 있는데 그것이 바로 중도(中道)이다. 중도는 과, 불급이 없는 중정(中正)의 대도(大道)이다.

요순의 도가 아무리 우수한 것이라고 하더라도 그 규구(規矩), 즉 실현하는 방법으로서의 인정이 없으면 천하를 다스릴 수 없다는 것이다. 이처럼 맹자는 성선설의 입장에서 인의사상을 전개하고 인의지심의 모델을 선왕지도에 두었으며 선왕지도가 바로 중도, 즉 중용의 도이기 때문에 인정은 중용의 정치에 다름 아니다.

맹자는 "성인 인륜지지야(聖人 人倫之至也)"라고 하여 성인을 인간 존재의 이상형으로 봄으로써 공자의 성인 개념을 계승하고 있으며 그 성인이 역사에 남긴 선왕지도의 구체적 내용이 인의사상으로 총괄될 수 있다. 그렇다면 선왕지도의 구체적 내용은 무엇인가.

조교(曹交)가 "인간은 누구나 요순이 될 수 있습니까"라고 묻자, 맹자는 "그렇다"[74]고 답하고 다만 사람들이 그것을 실천하지 않을 따름이라고 했다. 공자는 누구나 군자가 될 수 있는 것이 아니고 군자가 될 수 있는 가능성이 있는 사람이 치열한 학습으로 군자가 되는 것을 요청하고 있는데 대해서 맹자는 수기치인의 자각적 실천을 강조함으로써 공자에 비하면 상대적으로 가능성이 더 열려 있다고 볼 수 있다.

맹자에 의하면 성인, 즉 요순의 도는 효제에 다름 아니다.[75] 그는 어버이를 친해하는 것(親親)을 인, 어른을 공경하는 것(敬長)을 의라고 하고,[76] 인의 핵심은 어버이를 섬기는 것(事親)이고 의의 핵심은 형을 따르는 것(從兄)이라[77]고 했다. 『논어』에서 공자가 효제를 인의 근본으로 했듯이 맹자는 그의 핵심사상인 인의의 근본을 효제로 본 것이다. 이처럼 인의지심을 확충하는 것은 효제를 자각적으로 실천하는 것인데 맹자는 인의에 예지를 합하여 사단의 중요성을 강조하고 있다.

인의의 핵심내용인 효제를 사단과의 관계에서 보면 다음과 같은 설명이 가능하다. 즉 인의 내용은 효이고 의의 내용은 제이며 지의 내용은 인의, 즉 효제를 아는 것이고 예의 내용은 인의, 즉 효제를 절도 있게 하는 것이다. 이처럼 맹자에게 인의예지는 병렬이 아니라 상호관련을 가지고 있으며 어디까지나 인의가 근본이며 그 인의, 즉 효제를 잘 알고 절도 있게 하는 것이 예지인 것이다. 『논어』에서 예가 인의 형식의 의미를 가지는 것과 궤를 같이한다.

인과 의의 관계에 대한 맹자의 언술 가운데는 "인은 사람의 편안한 집이요, 의는 사람의 바른 길"[78]이라든가 "인은 사람의 마음이요, 의는 사람의 길"[79] 등의 표현이 있다. 여기서 인은 "생지성(生之性)", 즉 천부의 자연으로 인간이 안심하고 살 수 있는 장소이니 결국 인간의 자연성(自然性)에 그 근거를 두고 있다. 이에 대해서 의는 "행사의 마땅함(行事之宜)"이며 인간으로서 걸어야 할 길이다. 즉 의는 인간의 자연성으로서의 인을 실천하는 것이며 그 실천과정에서 타자와의 관계가 발생하며 거기서 일을 행함에 있어서 적정성(適正性), 즉 "행사지의"를 실현하게 되는 것이다. 중용의 관점에서 한마디로 요약한다면 인은 중용의 내적 중심이요 의는 중용의 외적 방향이라고 말할 수 있다. 맹자는 인에 의를 결합하여 인의를 도의 근본으로 보았고 이 인의가 구체적인 인간관계에서 나타나는 핵심적인 가치가 효제인데 인의, 효제의 실천에는 언제나 적정성, 즉 중용이 견지되어야 한다고 본 것이다.

맹자는 공자의 중용에 대한 정의를 계승하고 있다. 그는 양극단의 예로 양자(楊子)의 이른바 유아독존설(唯我獨尊說)과 묵자(墨子)의 겸애설(兼愛說)을 제시하면서 중용의 존재 이유를 다음과 같이 설명하고 있다.

"양자는 자신을 위함을 취하였으니, 하나의 털을 뽑아서 천하가 이롭더라도 하지 않는다."[80]
"묵자는 겸애를 하였으니 이마를 갈아 발꿈치에 이르더라도 천하에 이로우면 한다."[81]

여기서 자신을 위함(爲我)은 타인을 위함(爲人)의 반대의 뜻을 가지며 겸애는 사랑하지 않은 바가 없다(無所不愛)는 뜻이다. 둘 다 자기와 타자에 대한 행위와 태도에서 극단의 전형이라고 할 수 있다.

이 양극단을 과와 불급으로 표현하여 그러한 상태의 부재를 중용의 전제로 삼은 점에서 공자와 맹자는 완전히 일치하며 이러한 중용관은 후술하는 고대 그리스의 플라톤이나 아리스토텔레스와도 다를 바 없다. 특히 맹자는 "탕왕(湯王)은 중용을 잡다(湯執中),"[82] "공자는 극단을 하지 않는다(仲尼不爲己甚者)"[83] 그리고 "공자는 시중의 성인이다(孔子聖之時者也)"[84]라고 하여 중용의 도를 지킨 탕왕과 중용의 일관된 실천자인 공자를 높이 평가하고 있다. 공자는 중용이라는 개념을 처음으로 만들면서 중용의 지난(至難)함을 설파했을 뿐, 정작 공자 자신은 성인도 군자도 아니라고 했고 스스로 중용의 도를 터득했다고도 이야기한 바도 없다. 그런데 맹자가 공자를 시중의 성자로 자리매김한 것이다. 또한 맹자는 중용을 일탈한 극단의 예로 양자와 묵자를 들고 중용의 예로 가능한 최선, 즉 차선의 인물로서 공자에 이어 다시 백이, 이윤, 유하혜, 광자, 견자 등을 제시하고 있다.

① 백이(伯夷)

"눈으로는 나쁜 빛을 보지 아니하며, 귀로는 나쁜 소리를 듣지 아니하고 섬길 만한 군주가 아니면 섬기지 아니하며, 그 백성이 아니면 부리지 아니하여 치세에는 나아가고 난세에는 물러가서, 나쁜 정치가 있는 곳과 나쁜 백성들이 거주하는 곳에는 차마 거처하지 않는다."[85]

② 이윤(伊尹)

"어느 사람을 섬기면 군주가 아니며 어느 사람을 부리면 백성이 아니겠는가. 치세에도 나아가며 난세에도 나아가서 말하기를 하늘이 이 백성을 낸 것은 선각(先覺)이 뒤늦게 아는 사람을 깨우치게 한 것이다."[86]

③ 유하혜(柳下惠)

"더러운 군주를 섬김을 부끄러워하지 않으며 작은 벼슬을 사양하지 않으며 나아가면 어짊을 숨기지 아니하여 반드시 그 도리대로 하며, 버림을 받아도 원망하지 않고 곤궁을 당해도 걱정하지 않는다."[87]

④ 광견자(狂狷者)

"공자는 중용의 인물을 얻어 같이하지 못할 바에는 반드시 광견을 할진저! 광자는 진취적이요, 견자는 하지 않은 바(부끄러움)가 있다. 공자가 어찌 중용의 인물을 얻기를 원하지 않으셨겠는가마는 반드시 얻을 수는 없기 때문에 차선의 인물을 생각한 것이다."[88]

맹자는 백이를 잡됨이 없는 청(淸)한 자요, 이윤을 스스로 책임지는 자요, 유하혜를 화(和)가 지극한 자로 평가하면서[89] 이들 세 사람들은 "길은 다르지만 같은 것이 있으니 그것이 곧 인"이라고 했다.[90] 맹자는 이들이 인과 중용을 지킨 사람으로 본 것이다.

또한 차선의 중용의 예로 광견자를 제기한 것은 공자에서 맹자로 이어지는데 『논어』의 중행(中行)이 『맹자』에서는 중도로 바뀌었을 뿐이다. 중행은 『주역(周易)』의 중행무후(中行無垢)에 나오는데 중도와 함께 과, 불급이 없는 것으로 중용의 실천을 의미한다.

3) 시중과 권도(權道)

과불급이 없는 중간영역은 중용의 외연, 즉 적용 범위요, 중용의 필요조건인 동시에 여건(given)이라고 말할 수 있다. 최적의 균형으로서의 시중은 중용의 내포, 즉 의미내용이며, 중용의 충분조건이요 인간의 작위적인 선택이 수반된다. 중용의 핵심은 시중이며 중용은 시중의 판단과 선택으로 나타나는 것이다. 맹자에 의하면 시중은 권을 매개로 한 중용의 선택이다. 그렇다면 권의 의미는 무엇인가?

① "저울질을 한 뒤에야 경중을 알며 재어본 뒤에야 장단을 안다. 사물이 다 그러하거니와 마음이 유독 심하다."[91]

이 경우 권은 저울과 저울추이고, 도(度)는 자이다. 물건의 경중과 장단은 반드시 저울과 자를 사용함으로써 정확히 알 수 있는 것이다. 인간의 마음은 물건보다 훨씬 더 헤아리기 어렵지만 권(저울질)의 중용을 통해서 파악할 수 있다. 맹자

가 양혜왕(梁惠王)에게 민심을 헤아리는 권의 중용을 조언한 것이다.[92]

② "자막은 이 중을 잡았으니 중을 잡는 것이 도에 가까우나 중을 잡고 저울질함이 없는 것은 한쪽을 잡는 것과 같다. 한쪽을 잡는 것을 미워하는 까닭은 도를 해치기 때문이다."[93]

자막(子莫)은 노(魯)나라의 현자(賢者)로서 양자와 묵자가 중용을 잃었음을 알았기 때문에 둘 사이에서 중을 잡은 것이다. 그러나 그 중은 권(저울질)을 결여한 것이다. 중이 단순히 즉자적(an sich)인 중이 아니라 참다운 의미의 중용이 되려면 권을 매개로 해서만이 가능한 것이다. 권을 매개로 하지 않은 집중(執中)은 중용이 아니라 단지 한쪽을 잡는 것일 뿐이다. 양자의 유아독존은 인을 해치고 묵자의 겸애는 의를 해치며 단순히 중간을 잡는 것은 시중을 해치는 것이다. 다시 말하면 자막은 권도나 시중에 이르지 못했다는 것이다.[94]

③ "순우곤(淳于髡)이 남녀 간에 주고받기를 친히 하지 않은 것이 예입니까 하고 묻자, 맹자가 예라고 답했다. 제수(弟嫂)가 우물에 빠지면 손으로 구원해야 합니까 하고 묻자 맹자는 "제수가 물에 빠졌는데도 구원하지 않는다면 이는 승냥이다. 남

녀 간에 주고받기를 친히 하지 않음은 예이고 제수가 물에 빠졌으면 손으로 구원함은 권도이다. 천하가 도탄에 빠지거든 도로서 구원하고 제수가 물에 빠지거든 손으로써 구원하는 것이니……."[95]

일의 경중을 헤아려 적절한 때에 적절한 선택을 하는 시중의 예를 든 것이다. 권도를 통한 중용의 선택(權而得中)의 좋은 예라고 할 수 있다.

④ "순임금이 부모에게 아뢰지 않고 장가든 것은 뒤(後)가 없을까 염려해서이다."[96] 주자의 주석에 의하면 순임금이 부모에게 아뢰었으면 장가들 수 없어서 무후(無後)로 끝났을 것이니 아뢰는 것은 예요, 아뢰지 않은 것은 권이다. 천하의 도에는 정(正)과 권(權)이 있으니 정은 만세의 떳떳함이요, 권은 시의 운용이다. 상도(常道)는 사람들이 다 지킬 수 있으나 권은 도를 체현한 사람이 아니면 쓸 수 없는 것이다.[97]

자식이 부모에게 아뢰는 것은 누구나 할 수 있는 예이나 사물의 경중을 헤아려 아뢰지 않을 수도 있는 것이 권이다. 인간이 살아가는 데에서도 정도와 상도가 있지만 때에 따라서는 권을 구사할 때가 있다는 것이다.

시중과 권도야말로 다산의 중용사상의 진수라고 말할 수 있다. 그에 의하면 "성인이 중용의 도를 선택하는 것은 바로 저울질하는 사람이 눈금을 찾아서 저울추를 안정시키는 것"[98]과 같고, "중용이란 선을 선택하는 것이니 이는 마치 저울대의 추를 맞추는 것과 같다."[99] 그리고 "의에 맞으면 이를 실천하고 의에 위배되면 그만두는 것, 그것이 바로 시중"[100]이다. 그 난이도에서 보면 상도를 지키는 것보다 권도를 선택하는 경우가 훨씬 더 어렵다.[101] 중용이 어렵다고 하는 것은 참다운 의미의 중용, 특히 지행합일의 원리로서의 중용은 언제나 권도를 매개로 한 시중의 선택이기 때문이다. 다시 말하면 시중에서 시, 즉 상황성의 파악과 선택이 지극히 어렵다는 것이다. 다른 모든 것을 갖추었다고 하더라도 적절한 시기를 잡지 못하면 쓸모가 없기 때문이다. 이를테면 침묵이 금이라는 서양의 격언은 우리의 귀에 익숙하지만 "때(時)에 맞는 침묵은 순금(純金)"[102]이라고 한 악성 베토벤의 한마디는 언어의 시중이라는 점에서 정곡을 찌른 것이다.

맹자는 특히 중용의 관점에서 정치에서의 언어의 중요성을 강조하고 있다. 그는 언어가 중용을 일탈하는 것이 정치에 해악을 끼친다고 경고하고 있다. 유가에서는 촌철살인(寸鐵殺人)이라든가 남아일언중천금(男兒一言重千金) 등 언어의 중요성을 강조하면서도 교언(巧言)보다 눌언(訥言)을 선호하고 있다. 교언영색(巧言令色)보다는 목눌(木訥)이 인에 가깝다고 되풀이해서 강조하고 있다. 그것은 눌언예찬(訥言禮讚)이라기보다는 언어의 중용을 강조한 것이다. 후술하는 아리스토텔레스의 언어의 중용, 적정성(propriety in speech)과 다를 바가 없다.

예나 지금이나 수기 차원에서 어법(語法)의 적정성에 대한 언술은 많지만, 보다 중요한 것은 언어와 정치와의 관계에 관한 언술이다. 『논어』에서도 말을 참는다는 의미의 인(訒)[103]을 강조했고, 말이 정치를 망치는 경우에 한마디 말로 나라를 잃을 수도 있다는 의미의 일언상방(一言喪邦)[104]이라는 표현이 나온다. 언어와 정치의 관계에서 언어의 중용을 적절히 지적한 것이 다음의 문장인데, 지언(知言)에 관한 맹자의 관점과 그에 대한 정자(程子)의 해석이 돋보인다.

공손축(公孫丑)의 질문 즉, 말을 안다는 것(知言)이 무엇인가에 대해서 맹자는 다음과 같이 답하고 있다. "편벽된 말에 은폐하는 바를 알며 방탕한 말에 탐닉한 바를 알며, 사악한 말에 배반하는 바를 알며 도피하는 말에 궁지에 몰림을 알 수 있으니, 그 마음에서 생겨나 정치에 해를 끼치며 정치에 나타나 일을 그르치게 된다."[105]

이에 대한 정자의 해석은 다음과 같다. "마음이 도를 통달한 뒤에야 능히 시비를 가릴 수 있으니, 마치 저울대를 잡고 경중을 비교할 수 있는 것과 같다. 맹자의 이른바 지언은 바로 이런 것이다."[106] 즉 맹자는 권도의 중용에 걸맞은 언어의 사용을 권고하고 있다. 그는 말을 아는 것이 바로 인간을 알고 정치를 아는 것으로 이해한 공자의 관점을 그대로 계승하고 있다. 그는 인간이 구사하는 언어에 내재되어 있는 부정적 요인을 꿰뚫고 있으며 이러한 언어가 정치에 큰 해악을 준다고 본 것이다. 고금동서를 막론하고 언어가 정치의 귀중한 자원이라는 점, 유교에서 정치는 정명(正名)의 실천[107]이라는 점, 그리고 정명의 언어,[108] 즉 이름을 바르게 하는 가장 효과적인 도구가 언어인 점을 감안하면 정자정야(政者正也)의 의미의 중요성을 강조하지 않을 수 없다. 정치라는 것은 바르게 하는 것이고 그 바르게 하기 위한 귀중한 자원이 언어인 것이다. 맹자는 편협하고(詖) 방탕하고(淫) 사악하고(邪) 도피하는(遁) 언어는 정치에 해악을 끼친다고 단언하고 있고, 그렇다면 어떠한 언어여야 하는가에 대한 맹자의 관점을 정자는 저울대를 잡고 경중을 비교하는 중용의 언어라고 한 것이다.

3. 중용학의 교본—『중용』

1) 중용의 윤리학(修己學)

앞에서『논어』는 한마디로 군자학, 군자의 수기치인(修己治人)의 학(學)이라고 했다. 『중용』은『논어』의 기본적인 사상을 계승한 것으로서 군자의 수기학(修己學)이라고 할 수 있는 윤리학의 내용을 담고 있다. 군자는 역설적인 양면을 갖춘 사람이다. 한편으로 군자는 비근한 일상성 속에서 성장하는 인간이라는 점에서 군자의 길은 보통사람의 길이라고 할 수 있다. 그러나 다른 한편 군자는 소인이 도저히 따라갈 수 없는 치열한 자기 수련에 성공한 발군의 인간이어서 공자는 원천적으로 소인은 군자가 될 수 없다고 보았고 자기 자신도 군자가 아니라는 겸양의 언어를 잊지 않았다. "군자의 길은 보통사람의 길"이라는 것은 군자도 그 출발점은 일상적인 인간이라는 것이지 소인도 군자가 될 수 있다는 것은 아니다. 소인은 그 도덕적 자질에서 군자와 전혀 다른 집단 개념이며 군자도 타락하면 소인이 될 수 있다는 경고가 포함되어 있다.

분명한 것은 군자가 되려면 자기 자신에게 철두철미하게 진실해야 한다는 것이다. 군자는 소크라테스의 경구인 "너 자신을 알라"에 대한 답을 제대로 실천하는 사람이라고 말할 수 있다. 비유컨대 군자는 수중(水中) 진흙 속에서 피어나는 연꽃처럼 그의 행위가 평범한 일상 속에서 나오지만 끊임없는 자기 단련 속에서 사람의 길, 즉 중용의 원리를 체득한 사람이다.

따라서 사람의 길의 핵심인 중용의 원리를 지킨다는 것은 지극히 어려우며 고난도의 지성과 도덕성을 필요로 하는 것이다. 실제 『중용』의 문장들은 함축성, 애매성, 간결성을 특징으로 하고 있다. 충분한 논증이 없는 경구들이 나열되어 있어서 해석상의 쟁점을 얼마든지 야기할 수 있다. 그러나 『중용』에 나타난 군자의 사상과 행동을 중심으로 그 윤리학적 특징을 설명하는 것은 그렇게 어려운 일이 아니다.

유학에서 상정하는 인간 개인은 자기 자신인 동시에 사회적으로나 정치적으로 끊임없이 타자와의 관계를 맺고 있는 인간이다. 그런 점에서 아리스토텔레스가 말한 정치적, 사회적 동물로서의 인간과 겹치는 부분이 많으나, 유교에서는 인간을 동물로 표현하지 않으며 윤리적인 덕의 주체로서의 인간을 더욱 강조한다. 군자의 수기는 한편으로 자기 자신의 내면화의 심화인 동시에, 다른 한편으로 그 내면화된 주관성이 인간관계에 견지되는 것이다. 한마디로 말하면 복잡한 인간관계 속에서의 내적 자아(內的自我)의 성숙이다.

군자의 수기의 깊은 경지라고 할 수 있는 신독(愼獨)은 소인한거위불선(小人閑居爲不善)에 대립되는 개념으로 "홀로 있을 때 삼간다"는 의미는 고립화된 개인의 자기만족이 아니라 끊임없는 사회적, 정치적 인간관계 속에서의 자기 성찰의 항상적 상태이며, 고독이 아니라 타자와의 관계 속에서 중용을 견지하는 마음가짐이다. 그런 점에서 헬레니즘 시기의 에피쿠로스 사상의 핵심인 아타락시아와는 그 의미가 다르다. 아타락시아, 즉 마음의 평정은 항심(恒心)의 견지라는 점에서는 신독의 상태와 유사하나, 전자가 사회적, 정치적 인간관계로부터의 완전 철수를 전제로 한 개념이라면 후자는 바로 사회적, 정치적 인간관계의 구조 속에 있는 인간 개인의 주관성의 문제이며 그 주관성은 바깥과의 관계성으로부터 자유로울 수 없고 바깥과의 내적인 긴장을 전제로 하는 것이다. 그런 의미에서 신독은 자기 실현의 당당한 모습이지 정태적인 고립화를 추구하는 것이 아니다. 한마디로 말하면 신독은 지난한 중용의 길을 견지하기 위한 군자의 몸가짐을 말한다.

『중용』에서 신독의 상태는 군자의 활쏘기처럼 "과녁을 벗어나서는 안 된다."[109] 즉 정곡을 찌르는 마음가짐과 같다. 중용은 어중간의 상태가 아니라 균형의 중심을 선택하는 것이기 때문에 아리스토텔레스의 표현처럼 원에서 중심을 찾는 것만큼이나 어려운 선택이 아닐 수 없다. 보통사람도 간혹 (어쩌다가) 중용에 맞는 행위를 할 수 있지만 군자는 항상 스스로 편안함을 느낄 수 있을 만큼 일상생활에서 중용의 원칙을 지키고 있는 인간이다. 『중용』에서는 중용인(中庸人)으로서의 군자의 몸가짐에 대해서 다음과 같이 예시되어 있다.

① "자기를 바르게 하고 남에게 요구하지 않는다."[110]
② "말은 행동을 돌아보며, 행동은 말을 돌아보아야 하니 군자가 어찌 독실하지 않겠는가."[111]
③ "군자는 자신의 처지에 맞게 행하고 그 밖의 것을 원하지 않는다. 부하고 귀하게 되면 거기에 맞게 행하고 가난하고 천하게 되면 거기에 맞게 행하고 오랑캐의 처지가 되면 거기에 맞게 행하고 걱정과 어려움이 있을 때는 거기에 맞게 행한다."[112]
④ "윗자리에 있으면 아랫사람을 업신여기지 않고 아랫자리에 있으면 윗사람을 끌어내리지 않는다."[113]

위의 인용은 군자의 신독이 자신의 진실성과 함께 타인과의 관계성을 통일적으로 파악하고 있다는 것을 잘 설명하고 있다. ①, ②는 자신의 진실성을, ③, ④는 타자와의 관계성을 설명해주는 좋은 예이다. 위의 인용은 군자가 중용을 실천하는 과정에서 자기의 정체성을 유지하면서도 복잡한 인간관계와 정치관계에서는 상황적 사고(situational thinking)가 중요함을 설명해주고 있다. 이때 상황적 사고는 상황에 대한 적정한 판단으로, 무원칙적인 상황 의존이나 중심을 잃은 기회주의가 아니라, 단련된 주체성을 중심으로 상황에 능동적으로 적응하는 역량을 말한다.

군자는 중용이 가장 보편적이고 실제적인 길이라고 보기 때문에 결코 수동적으로 세상에 적응하지 않으며, 양극이 아닌 다양한 선택지 가운데 정곡을 찌르듯이 최적의 균형점을 찾기 위해서 잠시도 긴장을 늦춰서는 안 된다. 따라서 중용은 일상성에서 출발하지만 중용의 경지에 이르기 위해서는 탁월성이 요구된다. 중용의 소재(素材)들은 우리의 일상생활 속에 산재해 있지만 감정과 행위에서 일관되게 중용을 견지하는 것은 중도의 깨달음을 향한 불교의 치열한 수행과도 같다.[114]

"음식을 먹고 마시지 않는 사람은 없지만 맛을 아는 사람은 드물다."[115]
"사람들은 모두 '나는 지혜롭다'고 말하지만 중용을 택하여 한 달도 지키지 못한다."[116]
"천하국가를 평정할 수 있고 벼슬과 봉록을 사양할 수 있으며 흰 칼날도 밟을 수 있으나 중용은 능히 할 수가 없다."[117]
군자도 "도를 따라가다가 도중에 무너질 수 있다."[118]

이상은 중용에 도달하는 것이 얼마나 어려운가에 대한 지적들이다. 먹고 마시는, 누구나 하는 일상생활 속에서도 그 맛을 아는 사람, 일관되게 중용을 견지하는 것이 지난하다는 것, 천하국가를 다스리고 서슬 퍼런 칼 위를 밟는 것보다 중용이 더 어렵다고 말하고 있다. 군자도 길(道), 중용의 길을 가다가도 언제든지 일탈할 수 있다고 경고하고 있다. 보통사람에게 중용은 모르다가도 알 수 있고, 군자에게 중용은 알다가도 모를 수 있는 것이다. 그래서 "군자의 길은 넓고도 은미하다. 부부의 어리석음으로도 알 수 있지만 그 지극함은 비록 성인이라도 역시 알 수 없는 것이 있다."[119]

군자는 부단히 단련된 인간의 이념형일 뿐이지 그에게 무오류성(無誤謬性)의 신화를 부여할 수 없다는 것이다. 군자의 진실성은 인간관계에서 타자에 대한 배려에도 나타나며 이러한 양면성을 통일적으로 파악할 수 있는 개념이 바로 충서이다. 앞에서 지적했듯이 충서는 공자의 인사상과 맹자의 인의사상의 핵심이며 중용사상의 기본이기도 하다. 이때 충은 중심을 잡고 자기의 정체성을 탐구하는 끊임없는 노력이다. 자기 자신의 내면의 가치인 충은 인간관계에서 타인에 대한 배려, 즉 서와 공존한다.

2) 중용의 정치학(治人學)

『논어』에서와 마찬가지로 『중용』에서도 군자의 수기는 충뿐만 아니라 타인에 대한 배려로서의 서를 포함한다. 따라서 군자의 수기는 고립된 개인의 내적 평화를 얻기 위한 것이 아니다. 그러한 점에서 에피쿠로스의 아타락시아의 개념과 다르다는 것은 이미 언급한 대로이다. 이처럼 충서, 특히 서는 개인에서 인간관계, 정치관계로 이행하는 매개 개념이다. 여기서 인간관계에서 정치관계로 이행하는 과정에서 산 자만이 아닌 죽은 자에 대한 예(禮), 즉 상례(喪禮)의 중요성에 대한 논의가 전개된다.

공적 제도로서의 상례는 개인의 적정한 행위일 뿐만 아니라 사회적, 정치적 결속에도 영향을 준다. 여기서 효 개념이 등장하는데 이미 『논어』와 『맹자』 그리고 『중용』에서 효는 인과 인의의 핵심규범이며 나아가 정치에의 매개 개념으로 기능하게 된다. 즉 효성스런 자식은 수신제가(修身齊家)에 책임이 강하며, 이러한 사회적 책임은 정치적 책임을 수반하게 된다. 유학에서는 충신은 효자지문(孝子之門)에서 나온다고 보고 있으며 그런 점에서 원래 비(非)정치적 규범인 효가 정치적 지도력을 양성하는 자원으로 평가받게 된 것이다. 『중용』은 효자의 전범(典範)으로 순임금을 선택하고, 무왕(武王)과 주공(周公)을 지극한 효성의 모델로 예찬하고 있다. 그들의 효가 높은 도덕성과 함께 일상적 시중으로 자신의 부모를 섬긴 사례라고 칭송하고 있는 것이다.

"하늘에 제사(祭天)하는 교(郊)와 땅에 제사(祭地)하는 사(社)의 의식은 상제(上帝)를 섬기는 것이고 종묘(宗廟)의 의식은 그 선조를 섬기는 것이다. 종묘의 큰 제사인 체(禘)와 가을제사(秋祭)인 상(嘗)의 의미에 밝으면 나라를 다스리는 것은 그 손바닥에 놓고 보는 것처럼 쉽다."[120]

제정일치(祭政一致) 시대의 당연한 결과이기도 하지만 상례와 제사가 윤리교육의 필수적인 부분인 동시에 공동체 의식을 높여 나라를 다스리는 데에 유효한 정치적 제도였음을 보여준다. 전통 유학에서 효와 상례는 이상 사회를 나타내는 귀중한 가치요, 제도였다. 후술하는 바와 같이 고대 그리스에서도 중용에 토대를 둔 상례의 제도화[121]를 중시했고 그 중용의 제도화가 법으로 제정된 것을 보면 동서양의 고대에 공통되는 제정일치의 특징을 발견할 수 있다.

고대 중국에서 정치의 목적은 군왕을 정점으로 하는 정치체제를 수립하여 법과 질서를 확립하고 도덕적 설득을 통하여 조화로운 공동체를 만드는 것이었다. 『논어』에서와 같이 『중용』에서도 통치자의 지도력은 그 통치자의 올바른 인격에 있고, 그 통치자의 인격은 통치과정에서 모든 백성을 편안하게(安民)하는 기본조건이 된다. 통치자의 도덕적 완성은 지도력을 결정짓고 선정(善政)을 위한 필수조건이 된다. 이는 결국 도덕과 정치의 불가분성을 나타낸다. 고대 중국에서는 왕정(王政)을 소여(所與)로 보고 그 외의 다양한 정치체제에 대한 논의가 없었기 때문에 통치자, 즉 왕의 도덕적, 정치적 자질에 논의가 집중되어 있다. 그런데 고대 중국의 경우 선정의 모델 인물이 고대 그리스와 같이 철인왕이라는 가상의 인물이 아니라 요순과 같은 "실존적" 인물이며, 이들 선왕의 도를 학습하는 것이 정치지도자의 임무이다.

앞서 공자나 맹자의 인간관에서도 밝혀졌듯이 유학에서 인간성이란 실제적인 인간관계와 연계되지 않으면 의미가 없다. 맹자는 "인이란 사람이라는 뜻이니 그 두 가지를 합해서 말하면 길(道)이다"[122]라고 하여, 끊임없는 관계를 유지하면서 자기의 도덕성을 실현할 것을 주문하고 있다. 고대 그리스의 아리스토텔레스는 인간을 정치적 동물이라고 규정함으로써 인간은 날 때부터 공동체를 지향하며 정치를 통해서 자기를 실현한다고 했다. 그는 인간성에 대한 신뢰보다는 인간성을 잘 실현할 수 있는 정치제도, 즉 정치체제가 어떤 것인지에 대해서 집중적인 관심을 보였다. 그래서 여섯 가지의 정치체제(후술)를 놓고 시시비비를 가렸다.

맹자의 경우는 아리스토텔레스와 거의 동시대의 고대 중국의 정치를 관찰하면서도 정치제도에 대한 기대보다 인간본성에 내재하는 선을 믿고 인간이 자기의 노력, 즉 수기를 통해서 인간성을 충분히 실현할 수 있다고 보았다. 고대 그리스의 경우는 인간성에 본래 선이 내재한다고 치더라도 그 인간성의 실현을 위해서 개인의 도덕적 완성보다 좋은 제도, 보다 나은 체제에 기대를 걸었던 것이다. 이에 대해서 고대 중국의 공맹학에서는 고대 그리스의 폴리스 철학에서처럼 정치를 통한 자기실현이 아니라 인간관계 속에서의 자기 수련을 통한 정치를 강조한 것이다. 여기에 등장하는 주요한 개념이 고대 그리스에서 제기된 법치(法治)에 대응하는 예치(禮治)이다.

플라톤은 그의 『법률론』에서 법은 신의 명령이라고 하여 권위를 부여하면서 그 법을 지키고 따르는 것이 정의요, 중용이라고 하고 그 전형적인 예를 죽음의 규칙, 즉 상례(喪禮)에서 찾았다. 유학에서도 인의가 인간관계의 맥락 속에서 실현되는 제도가 예이고 그 예를 통한 정치가 바로 예치인데, "통치자가 예로써 나라를 다스린다면 어떠한 어려움도 없을 것"[123]이라고 하여 중용의 정치적 제도화로서의 예치에 높은 권위를 부여하고 있다.

이렇게 보면 결국 예치란 수기치인의 완성태(完成態)이며 중용에 의한 자기 수련과 중용에 의한 정치의 결합이라고 말할 수 있다. 그런 점에서 예치는 고대 그리스의 법치와 유사한 점도 있으나 근대적인 의미의 법치와는 그 의미가 다르다. 결국 인간과 예 가운데 정치의 주체는 어디까지나 인간(爲政在人)이며 인간의 정치행위의 내포와 외연의 적절한 구조가 예인 것이다.

예치의 관점에서 보면 정치체제보다는 인치(人治)와 덕치(德治)에 비중이 실릴 수밖에 없으며, 고대 중국의 중용사상은, 서양의 중용사상이 다양한 정치체제 가운데 중용의 정치체제인 혼합정체가 실현 가능한 최선이라는 결론을 내는 방법과는 다르다. 고대 중국에서는 정치체제보다 사회구조, 특히 그 사회구조 속의 인간관계에 더 역점을 두고 있다. 따라서 왕정, 귀족정, 민주정과 같이 지도자의 수나 법의 유무에 의한 정치체제의 분류에는 관심이 적고, 고대 그리스에서 이론적 최선으로 보았던 왕제(王制)를 고대 중국의 역사적 경험에서 찾아, 가장 바람직한 왕제, 즉 선왕지치(先王之治)를 부동의 모델로 삼고 그것을 학습하는 방법을 채택했다. 그렇다면 결국 도덕적으로나 정치적으로 탁월성을 가진 통치자, 즉 권력을 가진 성인이나 군자가 선왕지도에 꾸준히 가까이 감으로써 예치를 실현할 수 있을 것으로 본다. 군자의 예치를 통한 정치공동체를 두웨이밍은 신의(信義)공동체(Fiduciary Community)라고 명명했다.[124]

『중용』에서는 통치자의 조건인 자기 수양과 정치적 지도력, 즉 수기와 치인의 자질에 대해서 세 가지 덕과 다섯 가지 도, 그리고 아홉 가지 원칙을 제시하고 있다. "천하의 공통된 도가 다섯, 이것을 행하는 것은 세 가지인데, 군신간, 부자간, 부부

간, 형제간, 붕우간의 사귐, 이 다섯 가지가 천하의 공통된 도요, 지(智), 인(仁), 용(勇) 이 세 가지는 천하의 공통된 덕이니 이것을 행하는 것은 하나이다."[125] 다섯 가지 공통된 도는 유교에서 오륜(五倫)으로 알려진 것으로, 언제 어디서나 통용되는 인간관계의 다섯 가지 도로서 윤리교육의 기본이 되는 것이다. 이 다섯 가지의 윤리적인 원칙이 인간관계의 기본형식을 통해서 조화로운 공동체가 형성될 수 있다고 보는 것이다.

지, 인, 용. 세 가지 공통된 덕을 다섯 가지 도와의 관련에서 보면, 인은 이것을 몸으로 행하는 것이고 지는 이것을 아는 것이며 용은 이것을 위해서 힘쓰는 것이다. 따라서 세 가지 덕이 없이는 다섯 가지 도를 실현할 수 없으며 세 가지 덕은 오직 하나, 즉 성(誠)이라고 했다. 다시 말하면 세 가지 덕의 실천을 위해서 성을 다할 뿐이다.[126] 여기서 인은 맹자의 사단, 즉 인의예지에서와 마찬가지로 가장 근원적인 덕이며 그 외의 다른 모든 덕은 인의 분화과정에 나타나는 하나의 양태라고 볼 수 있다.[127]

한편 『중용』에 의하면 사람의 도는 정치에 빠르게 나타나고(敏政), 정치는 사람에 달려 있다(爲政在人).[128] 사람의 본성은 불선(不善)함이 없다고 하더라도 사람의 도를 행함에는 어렵고 쉬움이 있기 마련이다. 그러나 몸소 쉬지 않고 힘써 노력하면 중용에 도달할 수 있다. 『중용』은 조화로운 정치공동체를 형성하기 위한 통치의 아홉 가지 원칙을 제시하고 있다.

"무릇 천하의 국가를 다스림에 아홉 가지 원칙이 있으니 몸을 닦음(修身)과 어진 이를 존중함(尊賢)과 부모와 친족을 친히 함(親親)과 대신을 공경함(敬大臣)과 신하들의 마음을 몸소 살핌(體群臣)과 백성을 자식처럼 사랑함(子庶民)과 백공들을 오게 함(來百工)과 먼 지방 사람을 품음(柔遠人)과 제후들을 은혜롭게 함(懷諸侯)이다."[129]

군주는 정치지도자로서 무엇을 해야 할 것인가를 숙고해야 하며, 타자와의 관계를 조화롭게 영위해나가야 할 의무가 있다. 통치자로서의 군주는 모든 다층적 인간관계에 대한 깊은 배려를 잊지 말아야 한다. 통치자가 모든 백성의 마음에 다가가야 한다는 진리는 예나 지금이나 다를 바 없다. 민심이 천심이다. 앞에서도 지적했지만 이 경우 군주의 가장 적절한 정치는 예치이다. 통치자의 도덕적 자질은 제도화된 양식인 예를 통해서 발현되게 마련이기 때문이다. 예치는 조화로운 정치체제인 신의공동체를 형성할 수 있는 기본이 되는 것이다. 『논어』에서도 예의 기능에서 귀중한 것은 조화라고 했다.

앞서 다섯 가지 다층적 인간관계의 조화를 위해서 지인용, 이 세 가지의 도를 제기하면서 그 실천의 근본은 궁극적으로 하나, 즉 성이라고 했는데, 통치자가 지켜야 할 아홉 가지 원칙을 실천하는 데에서도 그 근본은 하나, 즉 성이라고 했다. 결국 정치지도자가 복잡한 인간관계 속에서 좋은 정치를 하기 위해서 제기된 다섯 가지 도, 세 가지 덕, 아홉 가지 원칙(經)은 하나, 즉 성의 실천에 귀일되는 것이다.

3) 중용의 철학(誠學)

우리는 『중용』이 이상적인 인격체인 군자의 도덕적 완성과 함께 견고한 도덕적 기초를 가진 정치공동체를 만드는 데에 필요한 윤리적, 정치적 규범과 조건을 다루고 있음을 보았다. 고대 그리스에서의 정치체제는 윤리적 기초보다는 지도자의 수를 중요한 기준으로 삼았지만, 고대 중국에서는 왕제(王制)를 소여로 보았기 때문에 1인군주의 도덕성을 정치사회 안정의 필수조건으로 본 것이다.

중용은 기독교 윤리와 마찬가지로 인간이 불완전하고 오류를 범할 수 있다는 가정에 뿌리를 내리고 있다. 그러나 그 해결 방법에서 기독교 윤리는 초월적인 신의 은총과 그에 대한 신앙으로 구제를 받으려고 하나, 중용은 본질적으로 창조주의 존재를 상정하지 않는다. 따라서 중용은 내세(來世)의 신의 질서에 기대를 걸지 않고 인간의 일상과 정치에서 도덕적 질서의 중심을 찾으려고 한다. 기독교를 중심으로 한 여러 종교가 현세의 불합리를 초월적으로 해결하려고 함에 반하여, 중용은 현실 속에서 선택과 집중을 통해서 문제를 해결하려고 한다는 점에서 비(非)종교적인 정치적 역할에 크게 기대를 가지고 있다. 그렇기 때문에 베버는 유교를 현세내(內)합리주의의 체계로 파악하고 있다.

이처럼 중용은 인간 능력의 한계에 대한 깊은 자각에서 출발한다는 점에서 종교심에 가까운 겸허함이 바탕에 깔려 있으나 그렇다고 종교적 해결에 기대를 거는 것이 아니다.『논어』와『맹자』에서는 천(天)의 개념이 나오기는 하지만 깊은 논의는 나오지 않고, 더욱이 천과 중용과의 관계에 대한 체계적인 설명은 보이지 않는다.『중용』제1장에서는 인간의 본성인 성(性)은 천에서 부여받는다고 진술하고 있지만, 이 경우에 천은 고대 그리스의 플라톤의 이데아나 아리스토텔레스가 우주 전체의 운동의 궁극적 원인으로 파악한 제1원인(the first cause)과도 다르며, 기독교의 인격신은 더더욱 아니다.

유교 정치사상에서 천은 초월적인 경향을 내포하고 있다고 말할 수 있으나, 그 초월적인 경향이 인간의 일상적 경험으로부터 유리된 것은 결코 아니다. 오히려 인간의 일상성 자체가 도덕성의 원천이며, 그렇기 때문에 일상생활이나 정치생활에서 최고의 도덕성을 발휘하는 성인이어야 이른바 천인합일(天人合一)의 경지에 이를 수 있다는 것이다.

여기서 주목해야 할 것은 천과 인을 매개하는 개념으로『중용』후반부터,『논어』나『맹자』에서 단편적으로 논의되었던 성(誠) 개념이 다시 등장한다는 점이다.『중용』은 "성은 천도(天道), 성을 생각하는 것은 인도(人道)"라는 맹자의 언술을 부연설명하고 있는데, 명사로서의 성은 천도로서 천리의 본연(本然)이요 동사로서의 성은 인도로서 인사(人事)의 당연함을 의미한다.[130]

다산 정약용은 "성은 신독(愼獨)"[131]이라고 하고 "군자가 암실(暗室)에 있을 때도 두려워하고 놀라며 감히 악한 일을 하지 못하는 것은 상제가 너에게 임(臨)하기 때문"[132]이라고 했다. 성, 즉 신독에 대한 다산의 해석은 일상생활이나 정치생활에서 성은 시중지의로 나타나는데 그 과정에서 지도자(군자)는 계신공구(戒愼恐懼)를 통한 신독이 체화(體化)되어야 한다는 것이다. 그런데 기독교의 원죄관과는 다른 의미에서 인간은 오류를 범할 수 있고 바로 그 인간의 존재론적 상대성(ontological relativity)을 전제로 다산은 주제천(主帝天)[133] 관념을 강조하고 있다. 그는 상천(上天), 상재(上宰), 주제천 등의 개념을 혼용하고 있는데, 특히 주제천의 관념 속에는 전통 유교의 천 개념, 공맹학의 상재 개념, 기독교적 천주 개념이 애매하게 혼재되어 있는 듯하다. 그러나 분명한 것은 성, 중용, 시중지의의 가치에 높은 권위를 부여하면서 그 가치의 실현을 독려한 점에서 정의와 중용의 일탈을 경고한 플라톤의 사후재판과 기능적으로 유사성을 가지고 있다는 점이다.

이처럼 성은 하늘의 길이며 그것을 생각하고 실천하는 인간의 길 또한 지극히 어려운 것이다. 두웨이밍에 의하면 성은 사람과 하늘을 합하게 하는 실재(reality)로서의 본질 개념인 동시에 사람과 하늘을 합하게 하는, 움직이는 힘이라는 점에서 동태적인 개념이다.[134]

『중용』의 주제인 천인합일은 결국 인간과 하늘, 인간과 자연이 끊임없이 상호감응(相互感應)함으로써 유기적인 합일[135]을 이루는 경지를 말한다. 궁극적인 의미에서 인간은 자신의 인간성을 발휘하기 위해서 우주 자연과의 유기적인 관계를 유지하게 되는데 그것을 가능하게 하는 것이 바로 성이다. 우주는 성의 자연스러운 자기 전개이기 때문에 성이 없다면 아무것도 존재할 수 없다는 것이다. 그래서 "성은 사물의 끝이자 처음이며 성이 없으면 사물은 없다"[136]고 하고, "성은 자기를 이룰 뿐만 아니라 외물을 이룬다고 한다."[137] 그런 의미에서 성은 인간과 하늘, 인간과 우주 자연의 합일을 가능하게 하는 근거이다. 그 합일의 방법과 과정에 대해서 『중용』의 결론은 성의 이치가 시에 맞게 되면 모든 것이 절도에 맞게 된다고 하고 있다. 한마디로 성을 시중에 맞게 실천하는 것,[138] 성의 중용적 완성으로 결론 내리고 있다.

이 경우 성은 단순한 인간의 자기 실현만이 아니고 초월적인 신성(神性)을 가지는 것도 아니다. 성은 항상 구체적인 일상의 인간관계 속에서 나타난다. 그렇기 때문에 "성은 나타나지 않아도 드러나고 움직이지 않아도 변하며 행하지 않아도 이룬다."[139] 성은 현세적 삶의 가장 깊은 경지라고 말할 수 있다.

『중용』에 의하면 하늘은 빛처럼 작은 것이 수없이 모인 것이고 땅은 한줌의 흙이 수없이 모인 것이다.[140] 그 사이에서 수많은 인간들이 관계를 맺으며 살아가고 있는 것이다. 유학에서는 이러한 우주현상에 대해서 창조주의 존재를 주장하지도 않고 회의론이나 불가지론과 같은 인식론적 한계를 자인하는 것도 아니다. 작은 불빛, 한줌의 흙이 넓고 풍부한 우주의 기초인 것처럼 그 사이에서 살아가는 인간의 일상경험은 성인의 창조적 변화의 원천이 된다는 것이다.

"성인의 길은 양양히 만물을 발육하여 그 높음이 하늘에 다하였다"[141]고 하여 결국 성인의 성은 하늘의 성과 동일하여 지성(至聖)은 지성(至誠)[142]이 되며 양자는 합일될 수 있다는 것이다. 하늘과 인간은 개념적으로는 분리될 수 있지만 깊은 내면에서는 실제로 떼려야 뗄 수 없는 유기적인 연속체를 형성하고 있기 때문이다.[143] 『중용』에서는 도를 천지인(天地人)을 관통하는 규범으로 파악하기 때문에 천지에 의한 사물의 화육(化育)과 인(군주)에 의한 통치는 근본적으로 같은 도의 발현이 된다. 그래서 천지가 만물의 어머니(母)인 것처럼 군주는 백성(民)의 어버이가 되는 것이다. 그리고 군자는 "고명함을 다하고 중용을 따른다(極高明而道中庸)"[144]고 함으로써 성의 실현과정에서 나타나는 군자의 길은 현실적으로 중용의 쉼 없는 선택과정임을 보여준다.

이처럼 중용은 윤리적, 정치적 실천규범으로 일상과 정치생활에서 중용의 심화과정 및 그 도달점(극치)이 성이라고 할 수 있다. 『중용』은 "천하의 지성(至誠)만이 능히 천하의 대경(大經)을 경륜(經綸)할 수 있다"[145]고 함으로써 성인의 완전한 성의 경지를 나타내고 있다. 대경은 중화(中和), 중정(中正), 즉 중용의 최고의 경지를 의미한다. 여기서 지성(至聖)은 지성(至誠)과 일치하며 성의 경지에 이른 성인만이 중용으로 천하를 경륜할 수 있다는 뜻이다. 그런데 경륜의 어원은 실을 다스리는 것으로, 한마디로 말하면 직조술(織造術, the art of weaving)이다. 이 직조술이야말로 후술하는 바와 같이 플라톤이 중용의 예술에 비유하여 최고의 통치술로 판단한 것이다.[146]

이렇게 볼 때 성인을 모델로 하는 현실의 군자는 한편으로 도덕적 지도자로서 백성에게 제도를 강요하지 않고 수기를 통해서 일상생활에서 교화의 과정을 실천하고, 다른 한편으로는 지적, 정치적 지도자로서 중용에 의한 정치, 즉 예치를 통해서 신의공동체를 건설하고 유지해나가는 것이다.

4
고대 그리스의 폴리스 정치사상과 중용

1. 플라톤의 정의, 중용 그리고 법

1) 정의와 중용

플라톤의 『국가론』은 정의와 부정의에 대한 논의로부터 시작한다. 그의 스승 소크라테스는 "아는 것은 모르는 것을 아는 것"이라는 그 특유의 '무지(無知)의 지(知)'의 방법으로 정의를 강자의 이익이라고 주장하는 트라시마코스의 무지를 자각하게 한다.[1] 『국가론』에는 정의에 대한 다양한 정의(定義)가 등장한다. 부채를 갚는 것, 각자에게 적합하게 주는 것, 친구에게 이익을 주는 것이 다 정의로운 것이다. 그리고 정의는 덕이요 지혜이며 정의로운 사람이 바로 선한 사람이다.[2] 여기서 플라톤이 정의로 파악한 덕과 지혜와 선(善)은 중용의 의미내용과 일치하며 후술하는 바와 같이 아리스토텔레스도 중용을 윤리적인 덕, 실천적 지혜, 가능한 최선으로 파악했다.

플라톤은 정의(正義)를 정의(定義)하는 과정에서 중용사상과 관련된 덕목을 제시하고 있다. 그는 정의를 영혼의 탁월성 곧 덕이라고 정의하면서 그 탁월성은 결국 조화로운 영혼이라고 했다. 즉 인간은 고달픈 영혼을 달래주는 희망을 가지려고 하고 그 희망은 어떤 형태로든 욕망을 수반하게 된다. 플라톤은 과욕으로부터의 도피에서 즐거움을 찾은 스승 소크라테스의 사상을 중심축에 놓고 있다. 여기서 바로 스스로 만족하는 것을 아는 인간 즉 자족인(自足人)의 개념이 등장한다.[3] 인간의 행복과 불행의 열쇠는 연령이나 욕망이 아니라 성격이며 인간에게 절도 있고 자족적인 성격만큼 중요한 것은 없다. 플라톤은 참다운 선인이라면 욕정으로부터 해방되어 평화와 자유를 누릴 수 있을 것이기 때문에 자족을 안다면 노령도 그다지 괴로운 것이 아니라고 했다. 이와 같은 플라톤의 절제의 사상은 기본적으로는 소크라테스의 윤리적 규범을 계승한 것으로, 정의와 정치체제를 논의하는 과정에서 자연스럽게 중용사상으로 이어진다. 특히 물욕과 소유욕을 설명하는 과정에서 인간이 신들에게 제사를 지낼 수 있고 빚 걱정을 하지 않아도 될 정도의 재산, 후일 아리스토텔레스가 그토록 강조했던 중용에 걸맞은 재산이야말로 마음의 평온을 가져다준다고 했다. 이는 항산(恒産)이 있어야 항심(恒心)이 있다는 맹자의 사상과 다를 바 없다.

여기서 주목해야 할 것은 플라톤이 『국가론』 첫머리인 제1권에서부터 정의의 정의(定義)와 함께 다양한 정치체제를 논하고 있다는 점이다. 정치사상이란 무엇이 최선의 정치공동체인가 하는 물음에 대한 답(答)이라면, 결국 플라톤의 절제의 사상은 정의와 정치체제의 적정성(適正性)과 떼려야 뗄 수 없는 정치사상의 출발점이라고 말할 수 있다.

제2권에서 플라톤은 정의를 개인 차원과 국가 차원으로 나누고 정의에 걸맞은 지도자의 자질을 논하면서 정의가 바로 중용임을 단적으로 제시하고 있다. 플라톤은 두말할 나위 없이 선은 악보다 낫지만 현실에는 악이 선보다 크게 보인다고 했다. 실제로 인간생활에는 좋은 일은 별로 없고 악이 많다고 했다. 정의로운 자는 매 맞고 고문당하고 처형되는 경우가 있고, 부정한 자는 현실을 쫓는다고 했다. 그리고 부정을 당하는 것은 분명히 악(害)이지만 불합리한 현실에서는 부정을 행하는 것이 선(利)으로 생각하는 경우도 있다고 했다. 인간은 일상생활에서 부정을 행하기도 하고 당하기도 하지만 성숙해지면서 부정을 하여 이끗을 챙기는 일이나, 부정을 당하여 손해를 보는 것 둘 다 하지 않는 것이 좋다는 합의에 도달하게 된다는 것이다. 여기서 법이 생기게 되며 법에 의해서 제정된 것은 공정하다고 했다. 공정으로서의 정의가 법으로 연결되고 있다. 말하자면 정의가 법의 기원이 되는 것이다. 오늘날 정의

(Justice)가 사법(司法)으로 번역되는 사상적 뿌리를 이해할 만하다. 말년에 법을 중용의 제도화로 보는 발상이 이미『국가론』에서 그 단초가 나타나고 있음을 알 수 있다. 플라톤에 의하면 "부정을 하면서도 벌을 받지 않는 최선 상태와 보복할 힘이 없어 부정을 그대로 받아들여야 하는 최악 상태의 중간의 타협"이 바로 정의인 것이다.[4] 이처럼 정의는 불가피한 차선, 최선과 최악의 중간적인 덕으로서 중용과 동질의 의미를 가지게 된다.

플라톤의 정의는 마치 교향곡의 테마처럼『국가론』전편에 일관되게 등장하는데, 제3권에서도 정의는 중용사상의 내용을 이루는 조화나 절제의 개념으로 다양하게 설명되고 있다. 플라톤은 중간적인 사고는 조화를 목표로 하며 그 과정에는 필연적으로 절제의 미덕을 학습해야 한다고 본다. 그는 기독교의 원죄관과는 다른 의미에서 인간은 유한하며 오류를 범할 수 있다고 보며 지도자도 인간이기 때문에 전능성이나 무오류성을 애당초 인정하지 않는다. 그런 점에서 중세 기독교 사회에서의 교황이나 근대 이후 이데올로기 시대에서의 혁명가에게 기대했던 무오류성의 신화를 받아들이지 않는다. 다만 정치사회에서는 질서가 유지, 재생산되어야 하고 질서를 위해서는 어떤 형태로든 지배의 정당성이 보장되어야 한다고 본 것이다. 그렇기 때문에 같은 인간이기는 하지만 지배자는 덕-탁월성이 있어야 하고 그러기 위해서는 끊임없는 교육과 학습, 유교에서 말하는 치열한 수기(修己)의 과정이 필요하며 여기에 바로 플라톤의 수호자 교육론의 존재이유가 있는 것이다. 수호자는 말하자면 정의의 체현자이기 때문에 절제에 대한 끊임없는 수련을 쌓아야 하고 사적 이익으로부터 자유로워야 한다. 공익에 헌신한다는 조건하에서는 수호자에게 '고상한 거짓말(gennaion pseudos)'의 특권까지 부여한 것이다.[5] 여기서 말하는 고상한 거짓말은 일종의 비유로서 신화적 방법을 구사할 수 있다는 뜻이며 문학적 허구이지 진실에 반하는 의식적인 기만행위와는 거리가 멀다.

교육의 기본은 정신과 육체의 조화이기 때문에 음악을 통한 정신교육과 체육을 통한 육체의 단련을 특히 강조하고 있다. 중간적 사고(middle thinking)의 수련, 즉 중용교육을 위해서 무엇보다 필요한 덕목은 절제이다. 플라톤의 언술에서 가장 출현빈도가 높은 개념은 정의와 절제이며 이 두 개념에 대한 탐구는 플라톤의 후기 그리고 아리스토텔레스에 들어와 본격적으로 전개되는 중용사상의 예비적 고찰이라고 볼 수 있다. 그에 의하면 절제는 지배자에 대한 복종과 육체적 쾌락에 대한 자제를 주된 요소로 하고 있다. 후자는 수기(修己), 전자는 치인(治人)을 위한 서양적 수련이라고 볼 수 있다.

인간이 정욕의 노예로 전락하지 않기 위해서는 무엇보다 절제가 필요하다. 무절제는 방탕으로 이어지고 절제야말로 각종 정신적 병을 사전에 예방할 수 있는 최선의 규범이다. 그에 의하면 육체적 사랑보다 더 크고 더 강렬한 사랑이 아름다움과 질서에 대한 사랑 곧 절제와 조화로운 것에 대한 사랑이다.[6] 그리고 예술가들은 아름다움과 우아함의 진정한 성질을 알아보는 재질을 가진 자들이며 아름다움과 우아함을 체득하기에 가장 적합한 예술은 음악이다. 음악에서 운율이나 화음이 정신 속에 깊이 스며들어 거기서 힘과 우아함을 뿌리내리게 할 수 있다고 본다.

플라톤에 의하면 음악 다음으로 중요한 교육은 체육이다. 그는 복잡성보다 단순성을 선호한다. 음악에서의 단순성은 정신에서 절제의 모체이고 체육에서의 단순성은 육체에서 건강의 모체이다.[7] 자칫 음악은 인간을 유약한 기질로, 체육은 인간을 사나운 기질로 만들 수 있는데 중요한 것은 양쪽 기질의 조화, 즉 중용을 통한 조화이다. 음악적 기질이 자칫 나약하거나 체육적 기질이 완강해서는 안 되고, 이 두 기질이 조화를 이룬 정신에서 절제가 나오고 절제는 동시에 용기를 낳게 된다. 양자의 조화가 깨지면 야비함과 비굴함이 고개를 들게 되는 것이다. 플라톤에 의하면 인간의 본성에는 두 가지 원리, 즉 혈기왕성한 것과 철학적인 것, 동양철학에서 말하는 기(氣)와 이(理)가 있는데 이 양자가 적절히 조화를 이루었을 때에 절제와 중용의 아름다움에 도달할 수 있다.

제4권에서 플라톤은 정의를 질서와 동일시하고 있다. 질서 있는 국가가 정의로운 국가인 것이다. 플라톤의 무질서에 대한 혐오는 그의 무절제에 대한 거부만큼이나 강하다. 플라톤에게 정치공동체(국가)의 최고선은 완전한 질서이며, 완전한 질서는 곧 지혜, 용기, 절제, 정의를 갖춘 정치체제를 의미한다. 플라톤에게 질서는 각 계층이 자신의 기능과 직분(due)을 다함으로써 조화로운 정치공동체를 구성하는 것이다. 여기서 정의는 질서와 일치하며 문자 그대로 정의(올바름)는 올바른 기능(Justice is just functioning)이 되는 것이다. 플라톤은 일인일사(一人一事)주의[8]로 전체의 조화를 이루어야 한다고 주장한다. 이성을 가진 수호자, 기력을 가진 전사, 욕망을 가진 평민이 각기 자기의 일(직분)을 다함으로써 국가가 조화로운 분업체계를 이루게 된다. 여기서는 수신(修身)과 치국(治國)을 연결시키는 고대 중국의 사상과 마찬가지로 정의로운 개인과 정의로운 국가의 연속성을 발견할 수 있다. 다시 말하면 지혜, 절제, 정의는 개인이 지녀야 할 규범이지만, 이것이 정치공동체 안에서 조화롭게 작동할 때 비로소 아름다운 정치질서로서의 국가공동체가 제 기능을 하게 되는 것이다. 플라톤에게 정의는 절제의 목적이요, 절제는 정의의 방법이라고 말할 수 있다. 즉 정의 실현을 위한 다양한 규범을 제시하면서도 플라톤은 절제를 지도자의 가장 중요한 자질로 보고 있다. 절제는 이성에 의한 욕망의 통제로서 "사람은 그 자신의 주인"이라는 말 속에 그 참뜻이 내재되어 있다.[9] 이성에 따르는 적정한 욕망 그리고 마음과 진실한 생각의 지도하에 있는 욕망이란 소수의 인간들 가운데서만 찾아볼 수 있다[10]고 함으로써 고대 중국의 군자학에서와 마찬가지로 절제를 지도자의 필수적 자질로 삼고 있다. 많은 사람들의 저열한 욕망들은 소수의 유덕한 지혜에 의해서 억제되고 있다고 함으로써 절제야말로 지배의 정당성에 대한 암묵의 합의임을 인정하고 있다. 절제는 개인에게나 국가에나 전체에 걸쳐 있고, 비유컨대 전음계(全音階)에 걸쳐 있어 지나친 고저 강약이 아니라 중간층의 조화음(調和音)으로서의 역할을 한다. 특히 지도자의 제1규범은 절제이고 그 절제의 제도화가 국법(國法)의 체계라고 생각할 때 정의와 함께 절제는 플라톤 정치사상의 핵심개념이 아닐 수 없다.

  정의는 『국가론』의 부제가 '정의에 관하여'이듯이 국가의 존재이유를 떠나 논할 수 없는 규범이다. 플라톤이 "정의는 각자가 자기 자신의 일을 하는 것"이라고 정의한 경우도 그 개인은 전체의 조화로운 질서를 위한 하위체계일 뿐 어디까지나 국가 차원의 정의의 실현이 정치공동체의 목적인 것이다. 플라톤에 의하면 국가에 남아 있는 유일한 덕이 정의이며, 이 정의야말로 다른 여타 규범들의 최종적인 원인이요 조건인 것이다.

정의는 절제, 지혜, 용기 등 다른 규범들에 내재하면서 그들을 보존하게 하는 방부제의 역할을 한다[11]고 볼 수 있다. 이처럼 정의는 어디까지나 조화로운 질서이다. 개인의 신체의 내면적 질서가 건강을 보장하듯이 국가의 내면적 질서가 평화이며 이러한 관점은 중세의 아우구스티누스의 질서로서의 평화론[12]으로 이어진다. 고대 중국 사상의 표현으로 말하면 수신(修身)과 치국(治國)의 연장선상에서 도달할 수 있는 평천하(平天下)와 기능적으로 다른 것이 없다.

제5권 말에서 제7권 전체에 걸쳐 거론되고 있는 것이 바로 철인왕론이다.[13] 플라톤은 지도자의 무오류성을 기대하지 않지만 지도자에게 교육, 학습, 사색을 통한 탁월한 능력의 배양을 요구한다. 건강한 몸과 온화한 심성으로 조화된 지도자에게 부패로부터 자유롭고 철저한 공적 헌신을 위해서 무소유의 철학을 요구한다. 그리고 처와 자식을 비롯한 가족의 공유, 사유재산 철폐를 통한 재산의 공유를 요구한다. 지도자가 부패하지 않고 공적인 일에 헌신하도록 금욕과 절제를 제도화하자는 것이다. 이처럼 마음을 비운 상태, 사심으로부터 자유로운 상태에서라야 이데아의 인식이 가능하다고 본다. 플라톤에게 이데아는 사물의 배후에 존재하는 본질로서 이데아의 인식능력은 철학자=애지자(愛智者)만이 가능하고 그 철인이 군주일 경우가 최선의 정치체제가 되는 것이다. 이른바 플라톤의 이상국가론은 철인왕의 사상에 다름 아니다. 그는 철인이 왕이 되는 1인 철인왕의 체제이거나 그렇지 못하면 지도자가 철학을 공부할 것을 권고하고 있다. 가족과 재산의 공유는 진정한 수호자의 덕목인 절제의 실천이며 최고선의 원천이라고 본다.

플라톤에 의하면 인간은 경험을 통하여 욕망이 한쪽으로 너무 강하면 다른 것에 대한 욕망이 약해지기 때문에 욕망의 절제가 무엇보다 필요하다. 아리스토텔레스가 중용이라고 표현할 만한 곳에 플라톤은 거의 예외 없이 절제를 말하고 있다. 이렇게 볼 때 플라톤의 중용사상은 다양한 개념의 혼용에도 불구하고 절제론으로 전개되고 있다고 말할 수 있다. 그 절제의 체현자가 바로 철인(哲人)이다. 플라톤에 의하면 진리는 균형에 가깝고 철인은 신적 질서에 접근하려고 하고 언제나 진리를 사랑한다. 그러기에 완전한 수호자는 철학자라야 한다.

특히 제7권에서는 이데아의 인식과정을 동굴에 비유한 대목이 나온다. 플라톤에 의하면 이데아는 만물의 궁극의 실체로서 빛의 어버이고 가시계(可視界)에 있는 광선의 주인이고 모든 아름답고 옳은 것들의 우주적인 주관자, 그리고 이성과 진실의 직접적인 원천이다. 따라서 이데아는 이성적으로 행동하는 자라면 누구나 눈을 똑바로 뜨고 응시해야 하는 하나의 힘이다. 이데아는 지적 세계로 가는 정신(영혼)의 승화과정의 맨 마지막에 나타나며 애를 써야 비로소 볼 수 있다. 플라톤은 이데아를 그림에 비유하면서 다음과 같이 묻고 있다.

"여기에 화가가 있어 완전하게 아름다운 이상적인 인물을 흠 잡을 수 없는 기술로써 묘사한 연후에 이런 사람이 일찍이 있을 수 없었다는 것을 증명할 수 없다고 해서 그만큼 화가로서의 가치가 떨어지는 것인가."[14]

그는 다시 묻고 있다.

"완전한 국가에 관한 이상을 가진 우리가 그 국가의 가능성을 증명할 수 없다고 해서 우리의 이론을 그만큼 가치가 없다고 할 것인가."[15]

"말은 언제나 사실 이상을 표현하는 것이며 현실은 언제나 진실에는 비치지 못하는 것이 인간사가 아닌가."[16]

위에서 알 수 있듯이, 플라톤은 현실성이 없다는 이유로 철인왕의 가치를 폄하할 것이 아니라, 완전국가의 이상과 그 가능성을 향한 기술이 정치의 존재이유임을 극명히 밝히고 있다. 그 기술은 결코 용이하지 않으며 손쉽게 얻을 수 있는 것이 아니다. 플라톤은 정치의 의미를 다음과 같이 설명하고 있다. 즉 행복은 전체 국가 속에 있어야 하고 설득과 강제로 국민을 결속시키고 각자가 국가에 기여함으로써 서로 덕을 보는 것[17]이 정치이다. 덕과 지혜로 전체 국가에 헌신하는 것이 진정한 철인정치이고 그 주체가 바로 철인왕이다.

플라톤은 현실에서 철학 내지 철학자의 정치적 영향력이 없다는 것을 솔직히 인정하면서도 그 원인은 철학에 있는 것이 아니라 철학자로서의 소질을 가진 인간의 타락에 있다고 본다. 여기에 수호자교육이 제1차적 과제로 등장한다. 플라톤에 의하면 수호자는 전사(戰士)인 동시에 철학자이다. 군사적인 기술과 철학적인 소양을 고루 갖춘 지도자가 진정한 수호자이다. 이들은 수학을 배워야 한다. 군인은 수에 관한 기술을 배워야 군대를 편성할 수 있고 철인도 변화의 바다 속에서 헤어나와 실제(현실)를 파악하기 위해서는 수에 숙달해야 한다. 이처럼 수학은 국가의 주요 인물이 될 사람, 가장 우수한 사람들이 훈련받아야 할 성질의 학문이고 중도에 그만두어서는 안 된다.[18] 진실을 볼 수 있는 심안(心眼)은 만 개의 육안(肉眼)보다 더 귀중한 것이다. 특히 힘들고 어려운 일들은 젊었을 때에 해야 한다. 수학, 천문학, 변증법 등은 어렸을 때에 마음에 심어 주어야 한다.

특히 종합적인 이해력은 변증법적 재능을 통해서 가능하다. 그런데 변증법의 교육에는 세심한 지도가 필요하다. 너무 일찍이 변증법의 맛을 아는 것은 위험하다. "젊은 아이들은 처음으로 맛을 들이면 언제나 남의 말꼬리를 잡고 덤벼든다. 마치 귀염둥이 강아지가 제 가까이 오는 사람들을 잡아당기고 물어뜯고 하듯이. 그러나 사람이 나이가 들기 시작하면서 이런 주책없는 짓을 하지 않게 될 것이다. 그는 그저 세계를 재미를 위해서 반대하는 논객을 흉내내지 않을 것이며 이리하여 그의 성격이 크게 원만해지고 철학의 명예를 손상하지 않을 것이다."[19] 이처럼 플라톤에게 수호자교육은 인간적 및 정치적 성숙을 향한 절제와 중용의 교육이라고 말할 수 있다.

제8권과 제9권에서는 정치체제에 대한 본격적인 논의와 함께 참주적 인간의 해독에 대해서 이야기한다. 여기서 플라톤이 제시한 완전국가는 철인왕이 등장하고 가족과 재산을 공유한 수호자들과 용감한 전사들이 이룬 정치공동체이다. 그러나 그는 이 완전국가는 현실적으로 실현되기 어렵다는 것을 처음부터 인정하고 있었으며, 실제로는 네 가지 종류의 불완전한 국가형태 즉 군인정체, 과두정체, 민주정체, 그리고 참주정체가 순환한다고 보았다.

플라톤은 인간의 영혼의 성격에 따라서 정체의 성격도 다르며, 모든 정체는 변화한다고 보았다. 만사가 시작이 있으면 끝이 있기 마련이며 영구적으로 존속하는 정체는 존재하지 않는다. 우선 군인정체, 즉 티모크라티아(timokratia)인데, 이 정체는 이성보다 기력이 우세한 탓으로 승리와 명예에 대한 욕망이 지배한다. 그 다음으로 나타나는 과두제는 부익부 빈익빈 현상이 현저하여 부자가 권력을 쥐게 된다. 부에 대한 욕망이 과도한 과두제하에서는 중용의 정신이 싹틀 수 없다.[20] 민주제의 탄생은 빈부의 갈등에서 가난한 사람들이 이김으로써 가능하게 된다. 그러나 부에 대한 지칠 줄 모르는 욕망이 과두제를 몰락시키듯이 자유에 대한 과욕이 민주제를 몰락시키고 최악의 정체인 참주제를 낳게 된다. 결국 군인정체, 과두정체, 민주정체 그리고 참주정체하에서는 플라톤의 표현대로 절제는 진흙 바닥에 밟히고 버려지게 된다.[21] 과두제 안에 민주제의 싹이 있고, 민주제 안에 참주제에로의 가능성이 내재되어 있다.

"무엇이고 너무 지나치게 되면 그 반대방향의 반동을 불러일으키기 마련이다. 이것은 사계(四季) 및 동식물에 해당될 뿐만 아니라 통치형태에도 적용된다. 지나친 자유(hē agān eleutheria)는 국가에서나 개인에게서나 지나친 노예상태로 떨어질 뿐이다."[22] 결국 플라톤은 과두제와 민주제의 몰락을 설명하면서 중용의 원리에 도달하고 있다. 플라톤은 일부 오해되고 있듯이 결코 민주주의의 적이 아니다.[23] 그는 솔론 개혁 이래 2세기 반에 걸친 아테네 민주제의 역사와 전통 속에서, 특히 페리클레스 이후 아테네 정치의 소용돌이를 거치면서 민주정체의 본질을 숙지하고 있었다.

플라톤은 최악의 정체가 참주정이고 최악의 인간이 참주적 인간이라고 보았을 뿐이다. 플라톤의 민주주의 비판은 민주주의 자체에 대한 전면 부정이 아니라 참주적 요인을 내재하고 있는 민주제에 대한 엄중한 경고이다. 왜냐하면 탁월한 지도자가 없는 민주주의는 중우(衆愚)정치로 질주할 우려가 있고 중우정치는 참주정을 내면적으로 유혹하기 때문이다. 참주적 인간은 절제로부터의 일탈을 일삼으며 금욕으로부터 가장 먼 인간형을 말한다. 참주적인 인간은 참주적 국가를 닮게 된다. 그리하여 참주는 철인왕의 반대극이며 참주적 인간은 제1장에서 제기했던 자족인, 절제인, 중용인의 반대극에 해당한다.

제10권에서 플라톤은 흡사 베토벤이 자신의 제9번 교향곡에서 뿜어낸 합창처럼 장중하리만큼 정의에 가공할 만한 권위를 부여하고 있다. 플라톤은 사후재판에서 정의는 반드시 보장받고 부정의는 반드시 보복을 당한다는 격률(格率)을 제시한다. 훗날 기독교의 천국과 지옥과 연옥(煉獄)을 묘사한 단테의 『신곡』을 연상하게 하는 사후세계의 기술을 통해서 인간에게 정의의 선택과 실천을 명하고 있다. "재판관들이 정의로운 자들을 판결하여 그들 앞가슴에 판결문을 달아준 다음 바른쪽 하늘로 뚫린 구멍으로 올라가도록 명하고, 부정한 자는 재판관들에 의해서 왼쪽 아랫길로 내려가도록 명한다"[24]는 것이다. 남에게 저지른 악은 빠짐없이 되로 주고 말로 갚도록 하여 일생을 100

년으로 잡고 이것이 10배로 되어 1,000년에 걸쳐 형벌을 받도록 한다는 것이다. 언제나 정의와 덕을 따르면 영혼은 죽지 않을 것이며 이 세상에서나 1,000년에 걸친 순례에서나 행복할 것이라고 예언하고 있다.[25]

그렇다면 플라톤에게 정의와 부정의에 대한 사후재판의 의미는 무엇인가. 이것은 결코 내세에의 행복의 보장이 아닐 것이다. 이 세상(此世)에서의 정의의 소중함을 박진감 넘치는 어법으로 역설하고 있는 것이다. 내세의 영생보다 차세의 행복을 위한 정의 수호에 최대한의 가치를 부여한 것이다. 일반적으로 이 세상의 불합리, 부정의, 각종 악을 해결하기 위해서는 초월적인 신앙을 통해서 구원에 의존하는 종교와 일상성 속에서 현실적으로 가능한 최선의 선택의 축적을 통해서 해결하려는 정치의 길이 있다. 플라톤은 『국가론』의 말미에 사후세계를 제기하고 있지만 결코 초월적인 신앙에서 구원을 얻으려고 한 것이 아니다. 오히려 그는 종교적 영역으로까지 승화된 정치의 세계에서 해결의 실마리를 찾고자 했다. 플라톤은 "우리는 차세에서나 사후에서나 다 같이 최선의 선택이라는 것을 알았고 알고 있다"[26]고 전제하고, "인간은 정의에 대한 철석같은 신념을 가지고 저 세상에서도 악의 유혹에 현혹되지 말고 그리고 참주나 참주적 인간이 되어 남에게 돌이킬 수 없는 악을 저지르고 자신도 또한 더 큰 해악을 입지 않기 위해서도 오직 그에게는 될 수 있는 대로 이 세상에서뿐만 아니라 이제부터 닥쳐올 모든 곳에서도 양극단을 피하고 중용을 택하도록 해야 한다. 중용이야말로 바로 행복의 길이니까"[27]라고 단언하면서 마치 사후재판과도 같은 언명을 한다.

플라톤은 『국가론』 말미에서 정의에 최대한의 권위를 부여하고 그 정의 실천을 위해서 중용을 최선의 선택이라고 못 박고 있다. 이렇게 볼 때 플라톤의 『국가론』의 부제는 "정의에 관하여"이고, 그 결론은 "정의는 중용으로부터"라고 표현할 수 있다. 그 사용에서 중용보다 훨씬 더 빈도가 높은 절제도 내용상으로는 중용과 궤를 같이하며 그가 말년에 쓴 『법률론』은 『국가론』의 결론인 중용의 제도화에 다름 아니다. 플라톤은 중용의 깊은 경지를 신(神)들의 마음 상태에 비유하고 있는데, 이는 그 신이 초월적인 절대자가 아니라는 점에서는 전술한 바 있는 『중용』의 성(誠)사상을 연상하게 하며, 그의 후기 작품 『법률론』에서 중용의 제도화로서의 법을 신의 명령이라고 본 것과 맥을 같이한다.

플라톤의 정의와 절제는 『국가론』에 앞서 『카르미데스(Charmides)』에서 그 원형을 볼 수 있는데, 여기서 절제는 정의와 거의 같은 맥락에서 논의되고 있다.[28] 즉 주문(呪文)을 통한 절제의 수련을 이야기하는 과정에서 절제를 정온(靜穩), 겸양(謙讓)으로 설명하면서도 이들은 어디까지나 제한된 정의의 태도일 뿐 참다운 의미의 절제가 아니다. 왜냐하면 절제 있는 생활이 반드시 정온함에 있다고 볼 수 없으며 겸양은 선할 수도 있고 악할 수도 있기 때문에 절제는 근본적으로 선하다는 명제에 배치될 수도 있다는 것이다. 여기에 등장하는 절제의 정의(定義)가 바로 '자기의 임무를 원만히 수행하는 것'[29]이다. "우리는 모르는 일을 하려고 하는 폐단에서 벗어나 그 일에 정통한 자를 발견하여 그 사람을 신임하고 결코 적임자가 못되는 사람에게는 일을 맡기지 말며 그 일에 대해서 잘 아는 적임자에게 일을 맡겨야 잘 처리해나갈 수 있을 것이고 이러한 지혜의 인도를 받으면 한 가정이나 국가는 원만히 다스려진다."[30] 적재적소(適材適所)를 인사(人事)의 정의로 본 것이다.

『카르미데스』에 등장하는 플라톤의 절제에 대한 관념은『국가론』에서 제기된 정의론, 즉 각 구성원들이 자신의 자질에 따라서 임무를 원만히 수행함으로써 가능한 조화로운 국가질서를 정의로 본 관점과 일치한다. 말하자면 플라톤에게 정의론, 절제론, 중용론은 동일 선상에 있으며, 정의는 절제에서 중용으로 이어지는 사유과정에서 일관되게 나타나는 주제이다.

2) 정치술과 중용

플라톤의『정치가론(*Statesman*)』은 정치를 기술로서 파악하고 바람직한 정체를 지배자의 수와 법의 유무를 기준으로 분석한 저서이다. 『정치가론』에서는 이상적인 정치에의 가능성을 논하는 데에서 『국가론』에서보다 현실적인 관점이 부각된다.[31] 철인왕과 같은 탁월한 지도자를 현실적으로 기대하기 어려운 상황에서 인간은 법에 의존할 수밖에 없는 것이다. 이렇게 볼 때 플라톤의 『정치가론』은 그의 본격적인 『법률론』으로 가는 과도적인 작품이라고 볼 수 있다. 『국가론』에 전면적으로 등장한 소크라테스가 『정치가론』에서 잠시 등장하다가 『법률론』에서는 아예 사라지고 마는 현상은 눈여겨볼 필요가 있다.

플라톤에 의하면 인간의 역사는 크로노스 시대와 제우스 시대로 나뉘는데, 전자는 신의 지배이고 후자는 인간의 지배로 특징을 지을 수 있다. 크로노스 시대의 신은 목동이 가축을 돌보듯이 인간을 돌보았다. 그러나 신이 우주를 우주의 자율적인 움직임에 맡겨놓았을 때 제우스의 시대가 도래했고, 인간은 비로소 신에게서 벗어나 자신의 의지에 따라서 행동하기 시작했다. 이때부터 세계는 무질서와 부정으로 얼룩지게 되었고 인간은 스스로의 힘에 의해서 질서와 정의를 세우지 않으면 안 되게 되었다. 엘레아에서 온 철학자는 이 신화를 통해서 정치란 목동이 가축을 사육하는 것과는 전혀 다르게 지배자가 피지배자의 동의를 얻어야 하는 작위적 행동임을 젊은 소크라테스에게 깨우쳐준다. 플라톤은 『정치가론』에서 정치를 옷감을 짜듯이 서로 다른 요소들을 적절히 측정하고 결합하는 최고의 기술로 파악하고 있다.³² 그리고 훗날 아리스토텔레스가 으뜸 학문(master science)으로 규정한 정치학을, 플라톤은 일찍부터 모든 학문 중에서 가장 알기 어렵고³³ 정치가는 이 어려운 학문에 대한 지식을 가지고 최고의 기술을 습득한 인간이라고 했다. 플라톤에 의하면 통치술은 하나의 특수한 학문이다.³⁴ 그는 『국가론』에서 철학에 권위를 부여했는데 『정치가론』에서는 정치학, 그것도 정치기술로서의 정치학에 무게를 둔 것이 특징이다. 무엇보다 중요한 것은 『국가론』에서 정의의 척도였던 중용이 『정치가론』에서는 정치기술의 척도로 파악되고 있는 점이다.

정치가는 쓸모 있는 인재를 등용함에서 한편으로는 용기 있는 자를 강자로 기용하여 날줄로 삼고 다른 한편으로는 안정되고 온유한 사람을 부드럽게 짠 실로 비유하여 씨줄로 삼아 마치 옷감을 짜듯이 이 양자를 잘 결합해야 한다.³⁵ 이처럼 플라톤은 정치의 기술을 이해하기 위하여 바로 이 직조술(織造術)을 들고 있는데 직물을 짜는 가장 기본적인 행동은 날줄과 씨줄을 결합시키는 것이다. 날줄과 씨줄을 적절하고 단단하게 결합하기 위해서는 그 날줄과 씨줄의 길이를 중용의 표준(the standard of the mean)을 근거로 하여 잘 측정해야 하고 그 측정 기술이 정치술의 기본이라고 했다.³⁶ 이처럼 『정치가론』에서 정치를 직조술, 즉 중용을 표준으로 날줄과 씨줄을 결합하는 기술로 파악한 플라톤의 방법은 고대 중국의 『중용』에서 최고의 통치술로 표현한 경륜(經綸)과 그 어원이 같으며, 동시대 중국의 맹자가 정치를 권(權, 저울질)의 중용으로 설명한 방법과도 닮았다.[37]

플라톤은 정치술과 직조술이 어느 한 극단에 놓여 나타날 때는 재앙이 온다고 경고한다. 기술이 만들어내는 생산물에서 효율성과 아름다움을 얻는 것은 극단을 피하고 적절한 잣대에 접근하고자 하는 노력에 의해서만이 가능하다. 적절한 잣대와 기술의 관계는 전자가 있어야 후자가 존재하고 후자가 있어야 전자가 존재하는 상관관계를 가진다. 이를테면 숫자, 길이, 깊이, 폭, 속도 등 모든 항목에서 적절함의 의미는 극단에 머무르지 않고 중간적인 위치, 즉 중용에 맞추는 것이다. 정치술이든 직조술이든 그 적절함을 측정하는 기술이 바로 중용이다.

『정치가론』에서는, 철인왕에 의해서 통치되는 이상국가는 인간이 모방할 수는 있지만 획득할 수 없는 하나의 이념형의 위치로 이양된다. 『정치가론』에서 정체의 형태는 법의 유무를 기준으로 6개로 나뉘는데[38] 이것은 1인 통치에서 군주제와 참주제, 소수통치에서 귀족제와 과두제, 그리고 다수통치에서 유법다수 민주제와 무법다수 민주제(중우정치)로 삼분될 수 있다. 『정치가론』에서 플라톤의 정체 평가를 최선에서 최악까지 순서를 정한다면 유법1인 군주제→ 유법소수 귀족제→ 유법

다수 민주제 → 무법다수 민주제 → 무법소수 지배(과두제)→ 무법1인 참주제로 나타난다.

즉 군주제가 훌륭한 법률의 제약을 받은 경우가 최선이고 불법이 판을 치는 1인 참주정을 최악으로 본 것이다. 그리고 다수 민주제는 최선의 유법1인 군주제 최악의 무법 참주제의 중간에 위치하면서 법의 유무에 따른 효용과 한계의 이중성을 가지고 있다.

이처럼 『정치가론』에서 플라톤은 법률의 효용과 그 한계에 대해서 명확한 인식을 하고 있다. 그에 의하면 "법률은 어떠한 경우에나 통하는 가장 올바른 것을 완전히 포함하고 있지 않으며 따라서 가장 좋은 명령을 내릴 수 없다. 인간은 각각 개성과 행위가 천차만별이고 인간사의 무한하고 불규칙적인 움직임은 결코 일방적이고 단순한 법칙의 적용을 허용하지 않는다. 그리고 어떠한 통치의 기술로도 어느 때나 영원히 계속하여 적용될 수 있는 법률을 제정할 수는 없다."[39] 그리고 "입법자가 법률을 제정하는 것은 단지 다수의 사람을 위해서 대략 지켜야 할 바를 규정하여, 특수한 경우에 대처하려는 것이다."[40] 『정치가론』에서 플라톤은 『국가론』에서의 철학과 소크라테스의 역할이 상대적으로 줄기는 했으나 아직도 소크라테스가 등장하고 있고 한편 철학에 대한 기대를 버리지 않고 있다.

지금까지 플라톤의 『국가론』과 『정치가론』을 중심으로 중용사상의 전개과정을 추적해왔다. 플라톤은 후기에 접어들수록 『국가론』의 이상주의적 경향에서 벗어나 법의 중요성을 강조하게 되는데 『법률론』에 와서는 인간 중심의 통치에서 법과 제도의 우위를 강조하는 정치체제인 혼합정체로 이행하게 된다. 군주정의 지혜의 원리와 민주정의 자유의 원리의 조화로서의 혼합정체야말로 절제와 중용에 걸맞은 체제이며 조화롭고 정의롭고 평화로운 정치질서를 보장할 수 있다고 본 것이다. 『법률론』의 주제를 이루는 것은 절제로서, 이는 이성에 따르게 할 수 있는 힘을 말하며 이 절제의 제도화가 곧 법이다. 플라톤은 모든 사람은 양극단이 아니라 중간적 평형을 꾀하는 타협의 길을 택하는 것이 정당할 뿐만 아니라 이득이 된다고 하여[41] 중용의 효용을 강조한다. 그는 교육의 목적이 덕의 실현이며 덕이란 바로 중용이기 때문에 중용을 실현하지 못하면 인간들 간의 갈등을 야기하여 무질서와 불의에 빠진다고 본다. 따라서 플라톤에게 중용은 인간에게 행복한 삶을 누리게 하는 원리이다. 플라톤이 신의 명령이라고 불렀던 법률도 현실적으로는 인간의 행복한 삶의 원리인 중용의 제도화라고 볼 수 있다.

3) 법과 중용 그리고 혼합정체

다음으로는 플라톤의 『법률론』에 명시 또는 암시되어 있는 중용의 사상을 추출해보고자 한다. 주지하다시피, 『법률론』은

『국가론』의 자매편으로『국가론』의 이상을 실현하기 위한, 실현 가능한 방법이 제시되어 있다.『법률론』은 아테네, 크레테 그리고 스파르타에서 온 세 명의 노인들의 대화로 엮어져 있다. 여기서 플라톤은 아테네의 손님의 입을 통하여 이야기하고 있다. 중용과 관련하여 우리의 주목을 끄는 것은, 플라톤이 아리스토텔레스와 마찬가지로 인간을 신과 동물의 중간자적 존재로 보고 그 인간은 질서의 감각을 통해서 신적인 상태를 추구한다고 본 점이다. 아테네인은 이렇게 말한다. "모든 젊은 사람들의 본성은 급하고, 그들의 몸과 입을 가만히 놔둘 수 없다. 그들은 항상 괴성을 지르며 어지럽게 뛰어논다. 우리는 앞서 어떤 다른 동물도 어느 쪽에서든지 질서의 감각을 발전시키지 못하며, 인간만이 질서를 발전시킬 천성적인 능력을 가지고 있다."[42]

여기서 아테네인이 말하는 질서(taxis)가 의미하는 바는 중용이다. 이런 해석이 가능한 것은 아테네인이 말하는 질서의 내용들은 비례와 균형을 통한 조화이기 때문이다. 질서는 운동에서는 박자(rhythm)이며, 소리에서는 날카로운 것과 깊은 것의 혼합을 나타내는 화음(harmony)이요, 이 두 가지가 함께 어우러진 것이 합창(chorus)이다.[43] "당신이 비례의 법칙을 무시하고 작은 배들에 과도하게 큰 돛을 달거나 작은 몸에 너무나 많은 음식을 제공하거나 감당할 능력이 없는 인간에게 너무나 고귀한 권위를 부여한다거나 하면 그 결과는 항상 비참한 것이다."[44]

단순혼합은 질서일 수 없다. 각 부문이 비례와 균형으로 혼합될 때, 다시 말하면 각 사물 또는 인간의 본질과 습관에 따른 비례의 법칙에 의해서 혼합될 때에 질서가 된다. 여기에서 비례의 법칙(due proportion)이란 중용의 원리에 다름 아니다.

플라톤이 제시하는 비례의 법칙이 중용의 원리로 이해될 수 있는 것은 그가 일관되게 극단을 배제하고 있기 때문이다. 극단에 대한 플라톤의 고민은 『법률론』 제10권에 전개되는 아테네인의 긴 연설에서 잘 나타나 있다. 연설의 핵심은 나이가 많든 적든 절제를 해야 한다는 내용인데,[45] 이를테면 시민적 덕성의 기초로 간주되는 도덕적 의분(義憤)도 극단으로 흐르면 무책임한 행위의 원인이 될 뿐이고,[46] 무엇이든지 전부를 다 받아들이면 위험하지만 절반만 받아들이면 안전하고 절제 있는 행동이라고 간주한다. 이처럼 절제는 중용과 함께 『법률론』 전체를 관통하는 주제이다.

"고통과 쾌락은 자연이 흘려보내는 두 개의 샘물과 같이 흘러나와서 인간이 올바른 장소에서 올바른 시기에 올바른 분량을 퍼낼 수 있다면 그는 행복한 삶을 살 것이다. 그러나 그가 무지해서 잘못된 시간에 퍼낸다면 그의 삶은 전혀 다른 것이 될 것이다. 국가와 개인 그리고 모든 생명체는 동일한 논리에

기반하고 있다."⁴⁷

위의 비유에서처럼 플라톤에게 행복한 삶이란 적절한 사려, 즉 중용에 따르는 삶을 의미한다. 이는 국가나 개인 그리고 살아 있는 모든 생명체에 해당되며 중용에 따른다는 것은 이성에 따르는 것으로 이성을 통해서 감정을 통제할 수 있다는 것이다. 다시 말하면, 좋은 삶, 행복한 삶을 영위하고자 하는 사람은 중용이 체현되도록 해야 하며, 극단적인 삶을 추구하지 말아야 한다는 것이다.

"모든 극단적인 상황 사이에서 중용(means)을 이루는 것은 가장 안전하고 적절한 것이다. 왜냐하면 한쪽의 극단은 사람들을 교만하고 무례한 자가 되게 하고 다른 한쪽의 극단은 사람들을 비열하게 하기 때문이다. 그밖에 돈이나 재물도 마찬가지이다. 이것들 중에서 어느 것이나 지나치게 되면 사적 생활과 공적 생활에서 증오와 모멸을 가져오는 원인이 되며 또 이것들의 어느 하나라도 결여되거나 손상되면 노예 상태를 조성하는 원인이 된다."⁴⁸ "모든 사람이 극단적인 쾌락과 고통을 피해야 하고 항상 그들 사이의 중용을 취해야 한다."⁴⁹

플라톤은 사물이나 상황에서 중용을 따르지 않고 한 극단에 치우쳐 과하거나 부족하게 되면, 거기서부터 모든 갈등이 싹튼다고 본다. 인간에게 참된 삶의 방식은 오직 쾌락만을 구하는 것이 아니고 전혀 고통 없이 사는 것도 아니다. 다만 그 극단의 것들 중간에서 진정한 만족을 얻는 것이다. 진정한 만족을 얻는 상태는 신의 상태이다.[50] 이처럼 플라톤은 중용의 상태를 신의 상태로 묘사함으로써 중용적 삶을 신을 닮으려는, 인간적 삶의 모형으로 보았다. 플라톤에게 법은 덕을 구현하는 것이며 그 덕이 바로 절제와 중용의 미덕인 것이다.

플라톤은 정치와 마찬가지로 법의 존재이유도 이 세상 현실의 불합리성에서 찾고 있다. 불합리성은 늘 존재하며, 어쩌면 자연스러운 것이다. 이런 점에서는 인간과 동물의 차이는 없다. 인간이 어떤 일이 사회에 가장 이로운 것인가를 쉽게 알지도 못할 뿐만 아니라, 안다고 하더라도 언제나 이로운 바를 실천할 수 있는 것도 아니다. 길들여지지 않은 가축을 다루듯이, 인간에게도 법이 있어야 하고 이를 지켜야 한다.[51] 아울러 법은 인간의 만족할 수 없는 욕구 때문에 더욱 필요하다. 인간의 성정(性情)은 탐욕과 야심, 그리고 고통을 회피하고 쾌락을 추구하는 본성 때문에 정의를 멀리하려고 한다.[52] 인간이 천부적으로 선하다면, 법의 존재이유는 그만큼 적을 것이다. 그러나 플라톤이 본 현실은 그렇지 않다. 그는 인간에 대한 비관적 현실주의의 입장에서 법의 존재이유를 되풀이해서 강조한다.

"법이란 반은 선한 사람을 위하여 제정된 것으로 어떻게 하면 사람들이 서로 우의를 지키면서 살아갈 수 있는가에 대하여 가르침을 주기도 하지만, 반은 이와 같은 가르침을 거부하고 따르지 않으며 마음이 늘 부드럽지 못하고 또한 최악의 침입을 막지 못하는 자를 위해서 제정된 것이다. 입법자는 이들을 위해서 불가불 법을 제정하기 마련이지만 실상 법률이 필요 없게 되기를 바라고 있다."[53]

플라톤에 의하면 인간의 절반이 선하다고 하더라도, 고매한 성품을 가지고 있거나, 높은 수준의 교육을 받아 궁핍과 욕망에 사로잡힐 때도 중용을 지킬 수 있는 사람들은 소수에 불과하다.[54] 그리고 "부는 사람의 영혼을 타락시키며 빈곤은 사람을 파렴치하게 하기 때문에 중용의 정진으로 빈부의 두 적과 싸워야" 한다.[55] 이처럼 다수가 욕망을 통해서 소수의 이성을 지배하려고 한다면 이는 곧 중용의 파괴에 다름 아니다. 비록 소수라고 할지라도 중용의 덕을 알고 있는 자가 이를 알지 못하는 자를 교육시키는 상황을 만들어야 한다. 그런 점에서 중용의 덕을 구현하는 법은 소수가 다수를 지배할 수 있는 유용한 기제가 될 수 있다.

그렇다면 누가 법을 만드는 것인가. 여기에 법과 신의 관계가 제기된다. 플라톤에 의하면 절제의 원리를 나타내는 법은 신에 의해서 부여된 것으로 절제가 있는 사람은 신의 동반자가 될 수 있으며 절제가 없는 사람은 신과 가까워질 수가 없다. 법은 신의 명령으로서 절제를 제도화한 것이며 현실적으로는 국가의 공적 결정의 산물이다.

"고통에 대한 예상을 두려움이라 하고 쾌락에 대한 예상을 자신이라 한다. 이러한 것에 대비되고 그 상위에 우리는 신중한 계획을 가지고 있는데 이를 통해서 우리는 고통과 쾌락의 상대적인 장점을 판단하게 되고 이것이 국가의 공적 결정으로 표현되었을 때에 그것을 법이라고 부른다."[56]

이처럼 법은 선악에 대한 성찰을 통해서 도출된, 강제력을 지닌 신중한 계획이라고 말할 수 있다. 인간의 감정은 여러 가지 방향으로 인간을 이끌어 덕과 악덕의 차별이 생기게 하는데, 이러한 감정의 밧줄 중에서 굳게 붙들어야 할 황금의 밧줄이 법이다. 인간은 언제나 황금의 밧줄에 따라서 행동해야 하며 이는 행복한 삶에 도달하는 방법이다. 그러므로 플라톤의 후기 사상에서 국가는 법률이라는 황금현(黃金絃)과 결합되어 있다. 이제 법률은 플라톤이 일찍이 이상국가에서 최상의 것으로 추구했던 정의를 대체할 수 있는 개념으로 뿌리내린다. 바로 이 법률국가에 걸맞은 정치체제가 혼합정체이다.

『법률론』에서 플라톤은 『국가론』이나 『정치가론』에서처럼 정체에 대한 분류를 다양하게 제시하지 않고 군주정의 지혜와 민주정의 자유의 원리를 조화시킨 혼합정체를 강조하고 있다. 이는 지상국가에서 건설이 가능한 차선국가이며 절제와 중용에 의한 체제구상의 결과인 것이다.

혼합정체는 당시 폴리스 공동체의 문제를 해결하려고 했던 플라톤의 고뇌의 산물이다. 여기서 핵심적인 문제는 부패의 문제이다. 부패는 인간이 법에 복종하지 않고 자의에 따라서 행동하거나 권력을 남용할 때 발생한다. 이에 대한 플라톤의 문제의식은 도리아 왕국의 예에서 나타난다. 이 왕국의 몰락은 주요한 인간문제에 대한 무지, 즉 선하고 고귀한 것을 생각하면서도 이를 혐오하고 불의와 악을 알면서도 이를 좋아하는 무지에 연유한다[57]는 것이다. 따라서 무지는 법을 거부하고 불의를 행하는 것을 의미하며 이런 상황에서 정치체제는 부패하고 붕괴되기 마련이다.

여기서 플라톤은 이상국가가 아닌 차선의 법률국가를 모색하면서 왕정과 민주정의 혼합정체를 제시한다. 왕정의 가장 대표적인 예는 페르시아의 정체이고, 민주정의 대표적인 예는 아테네의 정체이다. 그밖의 다른 모든 정체들은 양자의 변형된 형태라고 볼 수 있다. 군주정은 지혜의 원리를 표현하는 것이며 민주정은 대중의 참여와 동의 그리고 자유를 이념으로 하는 정치체제이다. 플라톤은 "자유와 우애와 지혜의 결합을 도모하기 위해서는 어느 정도 이 두 가지 정체를 기본으로 해야 한다"[58]고 보고 있다. 자유(eleutheria)와 우애(philia)를 실현하지 못하면 결코 다스릴 수 없고, 이 두 가지를 확보하기 위해서는 실천적 지혜(phronesis)가 필요하다. 결국 플라톤의 혼합체제는 자유와 지혜의 결합으로 견제와 균형을 갖춘 정치체제이다.[59]

단일정체는 절제를 망각하게 되어 결국 체제의 붕괴를 가져오기 때문에, 모름지기 국가는 정치적 안정을 유지하기 위해서 군주제로부터 참주적 요소를 제거하고 민주제로부터 중우정치를 제거한 혼합정체여야 한다는 것이다.

이런 맥락에서 스파르타가 혼합정체의 전형으로 제시된다. 스파르타는 인민들의 정열이 지나치기 때문에 '노인의 신중함'을 통한 절제를 가미하기 위해서 28명의 사제들(ephors)의 권력을 강화하여 중요한 문제에 대해서 군주와 동일한 권리를 가지도록 하고, 정부의 권력남용을 견제하기 위해서 감독관제도를 두었다.[60] 즉 자유와 지혜를 중용의 원리로 결합한 것이 혼합정체인 것이다. 혼합정체의 정당화를 위한 플라톤의 주장은 계속 이어진다.

그에 의하면 입법가는 다음 두 가지에 초점을 맞추어 법률을 만들어야 한다. 즉 "하나는 가장 전제적인 정체요, 다른 하나는 가장 자유로운 정체이다. 그 어느 쪽이 정당한가를 검토하여 양자의 중용을 취하고 한쪽으로부터는 전제주의를 제거하고 다른 쪽에서는 자유주의를 제거해야만 비로소 완벽을 기할 수 있다. 그러나 노예 상태나 방종 상태와 같은 극단으로 흐르는 것은 적절치 않다."[61] 혼합정체는 필연적으로 중용의 성격을 띠어 타협의 토대를 형성하고 절제 있는 태도를 만들며 이를 통해서 정치체제의 안정적 발전을 이룰 수 있다. 군주정과 민주정은 각기 올바른 부분과 그릇된 부분을 가지고 있기 때문에 중용의 방법으로 입법을 함으로써 각각 올바른 부분을 결합하는 것만이 현실에서 최선의 정체를 만들 수 있다. 법의 지배하에서는 지나침이 없기 때문에 법은 중용이 된다. 법치에 의한 혼합정체야말로 중용에 의한 조화로운 정치질서를 형성할 수 있다. 입법이 이루어진 다음 준법은 시민들의 의무이다. 왜냐하면 법에의 복종은 신에의 복종이기 때문이다.[62]

플라톤은 그의 『국가론』에서 정의 실현을 위해서 사후재판을 제기했는데, 『법률론』의 말미에서도 『국가론』과 같은 농도로 법에 대한 복종을 강조하고 있다. 플라톤에 의하면 차세의 인생이란 법을 지키는 과정이며 인생의 행복도 법을 지키는 과정 속에서 나타나는 것이다.

"인간이 세상에 태어나면 일정한 교육을 받고 사람들과 여러 가지 관계를 맺으며 살아가는 가운데 남에게 손해를 끼치면 벌을 받고 자기가 손해를 입으면 그 보상을 받기 마련이다. 이처럼 법률의 보호를 받으면서 노년에 이르면 자연의 순리로서 인생의 종말에 도달하게 된다."[63]

플라톤은 죽은 자에 대한 종교적 의식, 다시 말하면 인생의 종말을 마무리하는 법제도로서의 상례(喪禮), 즉 장례와 묘지 선택에 큰 의미를 부여하고 있다. 묘지는 경작하기에 적합한 땅을 사용해서는 안 되며 또한 지나치게 크거나 작은 묘비를 세우지 말아야 한다. "그 땅은 죽은 자의 유해를 간수하기에 적합하고 산 자에게 손해를 끼치지 않는 곳이어야 하며 무덤의 높이는 5명의 인부가 5일 동안 만들 수 있는 범위를 초과해서는 안 된다"[64]고 함으로써 인생의 최후를 장식하는 묘지의 선택에서 과, 불급이 없는 중용의 준수를 명령하고 있다.

"인간은 죽으면 사체는 우리의 그림자일 뿐, 불사(不死)의 본체인 영혼은 다른 신들 앞에 나아가 그 사정을 기술하기 위해서 떠나는 것이며 이것은 선량한 자에게는 반가운 희망이지만 악인에게는 매우 무서운 일이라는 것을 조상들의 법률이 말해준다."[65] 법률을 지킨 자에게는 희망이, 그렇지 않은 자에게는 사후의 두려움이 기다린다고 함으로써 이 세상에서의 법에 권위를 부여한다. 여기서 주목해야 할 것은 플라톤이 정의를 실현함에서나 법을 준수함에서 그 기준과 원칙은 중용임을 천명하고 있다는 점이다.

필자는 지금까지 플라톤의 주요 저작인 『국가론』, 『정치가론』 그리고 『법률론』을 중용의 관점에서 분석해왔다. 비록 세 저작은 저작시기와 초점이 다르지만, 중용이라는 점에서는 일관된 플라톤의 입장을 발견할 수 있다. 플라톤의 중용사상은 『국가론』에서는 지도자의 자질인 절제로, 『정치가론』에서는 상황에 맞는 정치술로, 그리고 『법률론』에서는 절제와 중용의 제도화로서의 법과 이를 바탕으로 하는 혼합정체로 나타났다.

2. 아리스토텔레스의 중용과 정치체제

여기서 필자는 개인의 윤리를 중심으로 다룬 『니코마코스 윤리학』과 주로 국가와 국가 구성원인 시민의 삶을 다룬 『정치학』을 분석대상으로 하여 아리스토텔레스의 중용사상의 특징을 밝히고자 한다. 윤리와 정치의 연속성은 폴리스 정치사상의 특성이기도 하지만, 아리스토텔레스에게 윤리학은 곧 정치학이며 둘 다 이론학이 아닌 실천학의 카테고리에 들어간다.

그런데 두 저서에서 나타나는 논의가 반드시 수미일관한 것도 아니고 중복성(重複性)과 단속성(斷續性)으로 인해서 두 저서 사이의 연속성과 변화를 설명하기는 쉽지 않다. 그러나 분명한 것은 아리스토텔레스의 사상이 근본적으로 폴리스의 사상이고, 폴리스의 사상에서 윤리는 폴리스 공동체를 떠나서는 상상할 수 없고, 윤리학도 어디까지나 폴리스 윤리학이며 이 경우 윤리학의 기초단위인 개인은 어디까지나 폴리스 공동체의 구성원으로서의 시민과 분리해서 생각할 수 없다는 점이다. 윤리학은 일차적으로 인간의 내면적 규범에 관한 학문이지만 아리스토텔레스의 인간은 어디까지나 폴리스적인 인간이기 때문이다.

필자는 『니코마코스 윤리학』과 『정치학』에 등장하는 아리스토텔레스의 열쇠 개념들, 이를테면 정치적 동물, 행복, 선,

덕, 실천적 지혜, 정치적 사려, 그리고 혼합정체 등에 관통하는 아리스토텔레스의 중용사상의 특징을 규명하고자 한다.

1) 행복, 선 그리고 중용

아리스토텔레스에 의하면 인간은 정치적 동물이다. 이 말은 인간의 본성 속에 공동체 안에서 살려는 자연적 욕구가 있다는 것을 전제로 한다. 공동체의 가장 기본적인 단위는 가족이다. 가족은 일상의 필수품의 보급을 위해서 형성된 공동체이며, 생활필수품 이상의 다른 것을 목적으로 결성되는 최초의 사회가 부족이다. 이 부족의 가장 자연스런 형태는 자식과 손자들로 구성된 촌락이며 몇 개의 부족이 자급자족할 수 있을 만큼 커져서 완성된 생활공동체로 결성될 때 비로소 국가가 나타난다. 이처럼 사회의 초기 형태나 국가는 자연스럽게 창조되며 인간은 그 속에서 자연스럽게 공동체생활을 하려는 성격을 가지게 된다.

정치적 동물의 참뜻은, 인간은 폴리스적인 공동체 안에서만이 그 존재이유가 있다는 것이다. 인간은 폴리스에서 살면서 타인과의 접촉을 통해서 정의와 부정의를 분별하게 되고 정신적인 측면에서나 물질적인 측면에서 자급자족할 수 있는 단계로 나아간다. 즉 폴리스라는 정치공동체의 형성을 통해서 인간은 자족적인 생활이 가능하다고 본 것이다. 아리스토텔레스가

"행복은 자족"이라고 말한 것도 행복이란 고립된 개인을 만족시킨다는 의미가 아니라 나와 공생하는 다른 사람들까지도 만족시킨다는 것을 말한다. 인간은 본질적으로 혼자서 살아갈 수 없으며 함께 살면서 행복을 추구해나가는 존재이기 때문이다.

아리스토텔레스가 말한 폴리스는 정의와 부정의에 대한 관념을 공유하면서 궁극적으로 행복한 삶을 추구하는 본성이 완전하게 실현될 수 있는 공간이다. 인간은 폴리스라는 정치공동체 안에서 행복이라는 목적을 실현할 수 있고, 이때 행복은 본능의 충족이라는 의미에서의 단순한 쾌락이 아니라, 개체 내에 존재하는 본성의 실현, 즉 최고선의 원활한 발현이다.[66] 그리고 행복은 자족인 동시에 타자와의 관계에서의 만족이다.

아리스토텔레스가 보는 인간은 본성상 선하지도 악하지도 않은 존재가 아니라 선할 수도 악할 수도 있는 존재이며, 중용의 원리가 도출되는 것도 바로 인간성에 내재하는 천사와 악마의 가능성에 착안했기 때문이다. 인간은 신의 경지에 이를 수는 없고 동물 가운데서도 가장 잔악할 수 있기 때문에 역설적으로 인간의 이성이 절실히 요청되는데 그 이성에 의한 욕망의 통제를 통해서 중용의 원리가 도출되는 것이다. 인간은 이성에 따라서 적절한 규칙을 만들 수 있으며 스스로 정한 규칙에 따라 의식적인 삶을 살아가는 것이 가장 인간다운 삶이자 행복한 삶이라고 할 수 있다. 이처럼 아리스토텔레스는 인간을 정치적

인 동물인 동시에 이성적인 동물로 규정하고 신과 짐승의 중간자로서의 인간이 폴리스라는 정치공동체 안에서 이성적으로 살아가는 것이 최고선, 즉 행복을 지향하는 중용적인 삶이라고 보았다. 그리하여 행복한 중용(the happy mean)[67]을 인간교육의 기초로 삼았던 것이다.

아리스토텔레스에 의하면 윤리학은 정치적 동물인 인간이 인간으로서의 참다운 삶을 영위하기 위한 방법을 연구하는 학문이며 따라서 폴리스가 윤리학의 대상이 되는 것은 당연하다. 그리고 인간의 참다운 삶은 좋은 정치공동체를 떠나서는 상상하기 어렵기 때문에 공동체를 다루는 정치학은 윤리적인 자각을 떠나서는 있을 수 없다. 아리스토텔레스에 의하면 정치(학)는 가장 권위 있고 으뜸가는 기(예)술로서 그 목적은 다른 모든 학문의 목적을 포괄해야 한다. 따라서 인간의 선, 최고선이야말로 정치학의 궁극목적이다.[68]

아리스토텔레스에 의하면 인간을 도덕적으로 선하게 하는 데는 세 가지 조건이 있는데, 그것은 본성과 습관과 이성이다. 본성은 날 때부터 가지는 성질이며, 그 가운데 어떤 것은 습관에 의해서 선하게도 악하게도 변한다. 그런데 인간은 동물과 달리 이성을 가지고 있기 때문에 교육이나 습관에 의한 학습을 통해서 선해질 수 있다는 것이다. 따라서 인간이 태어나면서부터 선하거나 악하다는 관점이 아니라 인간성 속에 내재하는 소질을 잘 발현시켜 덕을 성취하는 것이 중요하다. 인간의 덕은 타인과의 관계에서 발생하는 일종의 조화로서 인간의 능동적 활동을 통하여 이를 적극적으로 실현시켜나가야 한다. 이처럼 타인과의 관계에서 발생하는 조화가 다름 아닌 중용이며, 이 중용은 아리스토텔레스의 윤리학과 정치학을 관통하는 핵심 주제이다.

아리스토텔레스는 행복을 최고선이라고 정의하고 선한 삶이 곧 행복한 삶[69]이라고 했다. 인간이라면 누구나 고통을 회피하고 쾌락을 추구하기 때문에, 다시 말하면 쾌락도 그 자체로 목적이기 때문에 최고선이라고 할 수 있다. 그러나 그 자체로는 최고선인 쾌락도 중용을 일탈하게 되면 악이 될 수 있다. 왜냐하면 쾌락은 장애받지 않은 행동(unimpeded activity) 또는 육체적 쾌락으로만 받아들여짐으로써 나쁜 것이 될 수 있기 때문이다. 이렇게 볼 때 쾌락은 쾌락 그 자체가 아니라 쾌락을 추구하는 데에서 비롯되는 것들, 이를테면 하나의 쾌락으로 인해서 다른 쾌락을 잃는다든가 타인과의 관계에서 자기 것 이상을 취한다거나 또는 과도하게 미각과 촉각에서 비롯되는 쾌락에 몰두하는 행위 등으로 인해서 절제와 중용을 잃어서는 안 된다.[70]

2) 윤리적 덕, 실천적 지혜 그리고 정의

이처럼 아리스토텔레스가 보는 인간은 행복(최고선)을 지향하며 행복한 삶이란 선한 삶이고, 선한 삶은 덕을 실현하는 삶, 즉 유덕(有德)한 삶이다. 그리고 유덕한 삶은 감정과 행위에서 과와 부족을 피하고 중용을 지키는 삶이다. 그렇다면 덕은 무엇이며 덕과 중용은 어떤 관계에 있는가?

아리스토텔레스는 인간의 정신을 이성적인 부분과 비이성적인 부분으로 나누고 이성적인 부분에서의 탁월성을 지적 덕(virtues of thought)이라고 하고 비이성적 부분에서의 탁월성을 윤리적 덕(virtues of character)이라고 한다. 우선 윤리적인 덕과 중용에 대한 아리스토텔레스의 설명을 들어보자.

윤리적 덕은 성격의 탁월성으로도 번역되며 이때 탁월성은 다름 아닌 덕이다. 인간의 행위가 유덕하기 위해서는 자연적 충동이 억제되어야 하며 인간의 충동과 욕정에서 가장 적절한 상태가 바로 과도와 부족을 배제한 중용이다. 따라서 윤리적인 덕은 중용이 어떻게 실현되는가에 따라서 성립되는데, 이 중용은 올바른 습관을 통해서 형성된다.[71] 따라서 중용을 체득하기 위해서는 유덕한 행동을 거듭해야 한다. 인간이 용기라는 중용의 덕을 위해서는 실제로 용기 있게 행동함으로써 가능해지는 것이다. 결국 인격이란 장구한 세월을 통하여 훌륭하게 쌓아올린 도덕적 결산이며 인격자란 어떠한 유혹에도 굴하지 않고 스스로 형성한 습관에 맞추어 올바르게 행동하는 사람을 말한다. 습관에 의한 올바른 행동으로 양극단을 피하며 상황에 맞는 적절한 행동을 선택하는 것이 덕으로서의 중용의 실천이다.

윤리적인 덕으로서의 중용은 어중간한 태도가 아니라 상황에 맞는 최적의 선택과 그에 따른 행동을 통해서만이 실현된다. 이를테면 모욕을 당했을 때나 황당무계하거나 잔인한 짓을 보았을 때 우리가 적당하게 화를 내어 얼버무리는 것은 중용이 될 수 없는 것이다.[72] 그런데 인간의 모든 감정과 행위에 중용이 있는 것은 아니다. 이를테면 감정 가운데 악의, 파렴치, 질투 등이나 행위 가운데도 간음, 절도, 살인 등과 같은 것은 과도나 부족 그리고 중용이 없으며 언제나 나쁜 것이다.[73] 부정과 비겁과 방탕에도 중용, 과도, 부족이 없고 언제나 옳지 않다. 이에 반해서 용기와 절제는 그 자체가 중용이기 때문에 과도와 부족이 없다. 일반적으로 과도와 부족에는 중용이 없고 중용에는 과도와 부족이 없기 때문이다.[74]

"일반적으로 고통과 쾌락은 너무 많이 또는 너무 적게 느낄 수 있는 것인데 그 어느 경우에나 좋은 것은 아니다. 그러나 올바른 때에 올바른 일에 대해서 올바른 사람이 올바른 동기로, 그리고 올바른 태도로 느끼는 것은 중용이요 최선이다. 이것이 덕의 특성이다. 이와 마찬가지로 행위에도 과도와 부족과 중용이 있다. 덕은 감정과 행위에 관련되고 이것들에서 과도와 부족은 일종의 실패인 데에 반해서 중용은 칭찬받는 것이고 일종의 성공이다. 칭찬받는 것과 성공한다는 것은 둘 다 덕의 특성이다. 그러므로 덕은 중용이다."[75]

아리스토텔레스에 의하면 인간이 탐구하는 중용은 사물 자체에서의 중간(the intermediate in the object itself)이 아니라 우리와 관련된 중용(the mean relative to us)[76]이다. 전자가 산술평균적 중간, 기계적 중간이라면 후자는 인간관계에서의 중용, 인간적인 중용이라고 말할 수 있다. 이를 테면 의술에서 어느 환자가 3시간의 운동이 많고 1시간의 운동이 적다고 하여 의사가 산술적인 중간인 2시간의 운동을 명할 수는 없는 것이다. 환자에 따라서는 2시간의 운동이 많을 수도 있고 적을 수도 있기 때문이다. 인간행위에 얽힌 문제는 명확성이 결여되어 있으며 상황과 조건에 따라서 결정되기 때문이다. 결국 덕이란 과도와 부족이라는 두 악덕 사이에 존재하는 "우리와 관련된 중용"의 상태를 의미한다.[77] 이처럼 윤리적인 덕은 인간의 모든 감정과 행위를 대상으로 하는 것이 아니며, 특정감정과 특정행위에 대해서 올바른 때에 올바른 것을 올바른 사람을 위해서 올바른 목적으로, 그리고 올바른 방법으로[78] 선택할 때에 나타나는 중용이라고 할 수 있다.

그 다음 지적인 덕 그 가운데서도 실천적 지혜와 정치적 사려를 중용 정치사상의 핵심개념으로 자리매김해보고자 한다. 앞에서 지적한 바와 같이 덕이란 정신의 구분에 따라서 각기 그것의 탁월성이기 때문에 지적인 탁월성은 곧 지적인 덕이다.

아리스토텔레스에 의하면 지적인 덕은 다시 인식적 부분과 사량적(思量的) 부분으로 나뉜다.[79] 인식적 부분의 덕의 대표적인 예로 학적인 인식과 지혜(sophia)가 있다. 학적인 인식의 대상은 필연적이며 영원하기 때문에 가르칠 수 있고 배워서 알 수 있는 것이다.[80] 지혜는 (직관적) 이성과 학적 인식이 결합된 것으로 모든 학적 지식 가운데 가장 완성된 것이다.[81] 그리고 사량적 부분의 덕에는 제작에 관련된 기술과 실천에 관련된 지혜, 즉 프로네시스(phronesis)[82]가 있는데, 후자의 번역어가 바로 실천지(實踐智, practical wisdom) 또는 사려(prudence)이다.

아리스토텔레스에 의하면 실천지란 "인간에게 좋고 나쁜 것에 관하여 사려 깊게 행동할 수 있는 상태"[83]이다. 결국 인간 이성의 탁월성을 보여주는 지적인 덕은 학습과 성찰에 의해서 채득되는데, 학습을 통해서 얻어지는 덕이 학적 인식과 그 깊은 경지인 지혜이고, 실천과 성찰을 통해서 얻어지는 덕이 실천지이다. 특히 국가와 인간의 정치생활이 성찰의 대상일 경우 실천지는 고도의 정치적 성격을 띠며, 이 경우 실천지는 정치적 사려에 다름 아니다. 아리스토텔레스가 페리클레스를 정치적 사려에 투철한 사람, 실천적 지혜의 체현자로 본 것은 의미심장하다.[84]

이상에서 보듯이 아리스토텔레스의 시중(時中), 즉 "우리와 관련된 중용", 그 가운데서도 윤리적 덕이나 실천적 지혜는 인간의 감정과 일상적 정치적 행위를 대상으로 하고 있고, 그 구체적인 형태는 상황의 여러 요소들, 즉 시간, 근거, 상대, 목적, 방법 등에 따라서 다르다.

그렇다면 시중은 그때 그때의 상황에 따른 주관적인 선택일 뿐, 객관성을 인정할 수 없는 것인가? 시중, 즉 윤리적인 덕이나 지적 덕인 실천지로서의 중용을 판단하고 선택하는 주체는 누구인가? 이런 물음에 대한 아리스토텔레스의 대답을 이해하는 것이 중요하다.

우선 시중, 즉 "우리와 관련된 중용"을 판정하는 고정된 일반원칙이 없다는 점이다. 아리스토텔레스는 인간의 행위에 관한 일, 즉 윤리학이나 정치학의 대상이 되는 일에는 시간과 장소에 따라서 차이와 변동이 있기 때문에 하나의 고정된 진리가 없다고 본다. 따라서 그는 『니코마코스 윤리학』 제1권[85]에서 논술의 방법에 대해서 되풀이해서 언급하고 윤리학, 정치학에서는 엄밀한 논증을 기대할 수 없다는 점을 강조하고 있다. 특히 정치나 정치학의 영역에서는 여러 가지 복합적 요소들이 역동적 전체성으로 나타나기 때문에, 아리스토텔레스는 시중에 걸맞은 행위의 기준을 일반적, 보편적 규범의 형태로 보는 방법을 선택하지 않는다.

아리스토텔레스에 의하면 "한 원의 중심을 찾아내는 일이 누구나 할 수 있는 일이 아니고, 다만 그것을 아는 사람만이 할 수 있는 것"[86]처럼 시중의 발견은 지난한 일이다. 그는 "모름지기 사람은 과도나 부족이 아닌 중간적인 것을 선택해야 한다"는 것과 "중간적인 것은 올바른 이성이 이르는 대로"[87]라고 말하기도 하고, "모든 일에서 중간의 상태는 칭찬할 만한 것이지만 우리는 때에 따라서는 과도의 방향으로, 때에 따라서는 부족의 방향으로 나아갈 필요가 있다. 그렇게 함으로써 우리는 오히려 쉽게 중용과 정의에 적중할 수 있다"[88]고도 말한다.

결국 아리스토텔레스는 중용의 기준을 사람과 그 사람의 판단에서 찾을 수밖에 없었다. 그러한 점에서 만물의 척도를 인간에서 찾은 프로타고라스의 상대주의로부터 완전히 자유로울 수가 없다. 그러나 아리스토텔레스는 아무에게나 시중의 판단기준으로서의 지위를 인정한 것은 아니다. 그런 점에서 프로타고라스의 상대주의나 극단적인 가치상대주의와 아리스토텔레스의 상대주의는 그 성격을 달리한다. 그는 선택과 실천행위로서의 중용의 기준을 사려 깊은 사람에게 한하며 그 사려인(思慮人)[89]의 시중에 대한 판단에 높은 수준의 객관성을 인정하고 있다. 여기서 말하는 사려인은 어디까지나 인간의 불완전성과 상황의 특수성을 전제로 한 상대적인 개념이기 때문에 그에게 무오류성의 권위를 부여할 수는 없다. 아리스토텔레스가 제기한 사려인은 그의 중용사상의 논리적 맥락에서 보면 윤리적 탁월성(德)과 지적 탁월성(실천지 또는 사려)을 겸비한 사람으로, 이를테면 고대 그리스의 페리클레스와 그와 유사한 사람들[90]인데 고대 중국의 성인군자나 공자와 맹자가 제시한 차선의 중용인(中庸人)[91]과 유사하다고 볼 수 있다.

이처럼 아리스토텔레스의 입장에서는 행위에 대한 판단주체가 누구인가가 대단히 중요하다. 높은 수준의 사려 깊은 판단이 때로는 보통사람의 눈에는 "극단"으로 보일 수도 있기 때문이다. 여기서 윤리적 덕과 사려를 핵심내용으로 하는 아리스토텔레스의 중용사상은 절정에 이르게 된다. 특히 사려는 실천과 관련이 있고 실천은 언제나 개별적이고 구체적이다.[92] 이처럼 사려는 구체적 실천에 관련된 지적 능력이기 때문에 당연한 목적보다 그 목적 달성을 위한 수단과 방법에 주목한다. 그래서 아리스토텔레스에 의하면 "인간사는 사려와 윤리적인 덕의 결합을 통해서만이 성취된다. 왜냐하면 윤리적인 덕은 우리를 올바른 목표로 향하게 하고 사려는 우리에게 올바른 수단을 선택하게 하기 때문이다."[93] 따라서 덕과 사려는 목적과 수단의 불가분의 관계로서 칸트적 표현을 빌리면 사려 없는 덕은 공허하고, 덕 없는 사려는 맹목이라고 말할 수 있다.

덕은 중용이다(Virtue is a mean)라고 한 아리스토텔레스의 명제를 분석적으로 설명한다면 중용이야말로 윤리적 덕과 지적인 덕인 사려(실천지)를 관통하는 규범이라고 말할 수 있다. 그런데 윤리적 덕과 사려의 결합은 단순히 고립적인 개인의 윤리규범이 아니라 폴리스 정치공동체 내의 인간관계의 규범이기 때문에 사려 또한 정치적 사려를 떠나서는 생각할 수 없고, 이 정치적 사려(정치적 실천지)야말로 중용 정치사상의 집요저음(執拗低音, basso ostinato)[94]으로 모든 시중적 정치판단의 기초가 된다.

앞에서 아리스토텔레스에게 윤리학은 곧 정치학이라고 했다. 윤리학은 개인의 행복과 덕을 대상으로 하고 정치학은 국가 구성원인 시민의 행복과 덕을 대상으로 하고 있다는 점에서 구별되지만, 둘 다 인간적 선을 추구하는 지식이라는 점에서 공통된다.[95] 그런데 윤리학과 정치학은 이론학과 달리 엄밀성이 결여되어 있기 때문에 실천적 지혜(사려) 이상의 정확성을 가질 수 없다. 윤리학은 개인에 대한 사려를 내용으로 하고 정치학은 국가에 대한 사려를 내용으로 한다. 이렇게 볼 때 윤리와 정치는 사려의 실현에 다름 아니며[96] 윤리학과 정치학은 사려학(思慮學)이요, 실천지의 보고(寶庫)라고 말할 수 있다. 절제는 소크라테스 사상의 핵심가치로 플라톤을 거쳐 아리스토텔레스에 이르기까지 가장 생명력 있는 개념인데 그 절제의 어원이 바로 사려를 보존한다[97]는 뜻이다. 그런데 개인으로서의 사려인은 인생에서 덕과 선을 위한 최적의 선택을 바탕으로 조화로운 삶을 영위하는 인간인데, 그 사려인이 정치지도자인 경우는 자아(自我)만이 아니라 반드시 타자와 관계를 가지기 때

문에 "타인의 선(善)"이라고 할 수 있는 정의의 덕을 갖추지 않으면 안 된다.[98]

아리스토텔레스에 의하면 정의란 본질적으로 인간적인 것[99]이며 정의로운 사람은 덕을 자신에 대해서가 아니라 타인에 대해서 베푸는 사람[100]이며, 그 사람이 바로 최선의 인간이다. 그는 타인에 대한 덕의 실현(pros heteron)에서 선과 정의는 일치한다고 본 것이다. 그에 의하면 정의는 완전한 덕, 가장 큰 덕, 덕의 총체[101]이며 공동체적 덕(politike aretē)에 다름 아니다.

그렇다면 아리스토텔레스에게 정의와 중용은 어떤 관계에 있는가? 그는 『니코마코스 윤리학』 제5권에서 정의가 어떤 종류의 중용인지 그리고 정의로운 행위가 어떤 극단 사이의 중용인지를 묻고, 두 가지 정의의 원리, 즉 시정적(是正的) 정의와 분배적 정의로 대답하고 있다. 우선 시정적 정의는 산술적 정의로도 불리는데, 이는 가해에 대한 보상처럼 파괴된 원상을 복원하는 경우이며 인간과 인간의 교섭에서 일어날 수 있는 여러 가지 이득과 손실의 중간에 대한 판단이다. 이득과 손실을 둘러싼 분쟁이 생기면 사람들은 소송을 제기하고 재판관을 찾게 되는데 이때 정의는 손실과 이득의 중간이기 때문에 '살아 있는 정의'[102]라고 할 수 있는 재판관에게 중용의 판단을 기대한다는 것이다. 그 다음으로 분배적 정의는 기하학적 정의로도 불리는데 후세의 정의론에 결정적인 이론적 기초를 제공한 정의의 원리라고 할 수 있다. 아리스토텔레스는 균등과 비례의 개념을 중심으로 정의와 중용의 관계를 설명하고 분배적 정의의 타당성을 아래와 같이 제시하고 있다.

"비례는 비(比)와 비(比)의 균등이며 적어도 4개의 항으로 이루어진다. 여기서 정의는 한쪽의 비가 다른 한쪽의 비와 같다는 의미이다. 즉 인간과 인간 사이에 분배되어야 할 사물과 사물 사이의 구분방법이 같다는 것이다. 따라서 A항의 B항에 대한 관계는 C항의 D항에 대한 관계와 같고, 위치를 바꾸면 A항의 C항에 대한 관계는 B항의 D항에 대한 관계와 같다. 그래서 A항을 C항에, B항을 D항에 결합시키는 것이 분배적 정의가 되는 것이다.······ 왜냐하면 비례는 중용이요 정의는 비례이기 때문이다."[103] "만약 당사자가 균등한 사람들이 아니면 그들은 균등한 것을 취득해서는 안 된다. 만약 균등한 사람들이 균등하지 않은 것을 취득하거나 균등하지 않은 사람이 균등한 것을 취득하거나 분배를 받는다면 거기서부터 분쟁과 불만이 싹튼다."[104] "공공의 재화를 분배하는 경우에도 당사자들이 기여한 것과 같은 비율로 해야 한다."[105]

아리스토텔레스에 의하면 사물과 사물 사이에 과다와 과소가 있을 경우에 그 중간이 균등인데, 이 균등이 타인과의 관계

특히 나와 타인의 선(善)에 관련될 경우에는 정의 문제가 제기된다. 과다와 과소가 있는 모든 행위에는 균등이 있고 그 균등이 바로 정의이며 균등이 중용인 까닭에 정의도 중용이 아닐 수 없다는 것이다.[106] 각자는 각자의 가치(merit)에 상응한 부, 명예, 지위 등의 재화를 분배받아야 하며, 여기서 균등 또는 평등의 의미는 각자의 가치(능력)에 걸맞은 재화의 취득량의 비율이 같다는 것이다.[107] 이것은 냉엄한 능력주의의 정의론으로 후세 구미(歐美)의 정의론에 크게 영향을 끼쳤다.

고대 이래 역사적 전개과정에서 보면 시정적 정의는 법률적 정의로 뿌리를 내렸고 분배적 정의(dikaion dianomētikon)는 각종 정치적, 사회적, 경제적 정의론의 원형으로 자리잡게 되었다. 여기서 특기할 것은 시정적 정의든, 분배적 정의든 그 기준은 균등이나 비례와 같은 중용의 판단이라는 점이다. 앞서 지적했듯이 플라톤에게 정의는 절제요 중용이며, 그 절제와 중용의 제도화가 법이다. 마찬가지로 아리스토텔레스에게도 정의를 찾는 것은 중용을 찾는 것이고 그 중용이 바로 법이다.[108] 이리하여 플라톤에 이어 아리스토텔레스에게도 정의, 중용, 법은 좋은 정치공동체의 중심 가치이며, 결과적으로 이들 두 정치철학자의 합작이라고 할 수 있는 혼합정체는 정의의 원칙인 중용과 그 중용의 제도화인 법을 핵심개념으로 하여 실현 가능한 최선의 정치체제로 자리잡게 된다.

3) 중용의 정치체제

제4장에서 밝혔듯이 플라톤은 과두제와 민주제의 몰락과정을 설명하면서 중용의 선택에 도달하게 되는데, 그 중용의 정부형태가 바로 혼합정체이다. 혼합정체는 이상과 현실의 접점으로서 조화롭고 정의로운 정치질서를 보장할 수 있다는 믿음에 근거하고 있다.

아리스토텔레스는 군주제와 귀족제를 완전국가로 분류한 점에서 플라톤을 계승하고 있으나, 1인이나 소수보다는 다수에 호의를 보인 점이 의미 있는 차이점이라고 볼 수 있다. 그는 세 가지 불완전한 정체로 참주제, 과두제, 민주제를 들었는데, 그중에서 최악이 참주제이고 그 다음으로 불완전한 정체가 과두제, 그리고 상대적으로 덜 불완전한 정체가 민주제이다. 이처럼 아리스토텔레스는 정체분류에서 민주제를 불완전한 정체의 카테고리에 넣으면서도 1인이나 소수지배보다는 다수의 지배가 전체의 이익에 기여한다는 관점을 일관되게 견지하고 있다. 정체 가운데 참주제와 과두제가 가장 단명하며 이의 해결책으로 극단적인 빈부계급이 아닌 중산계급 중심의 정치체제를 도출하고 있다.

그는 개인에게 덕이 중용이고 중용에 따르는 삶이 행복이라면, 정치공동체의 행복이란 그 정치공동체가 중용의 상태(mean state)에 있을 때라고 보고 그에 상응하는 정체로 폴리티(polity)

를 제시한다. 폴리티[109]는 정치체제 일반, 혼합정체, 중간정체 등 다양하게 해석되지만, 논의의 핵심은 그것이 중용사상에 토대를 둔 아리스토텔레스의 체제구상이라는 점이다. 역사적으로 아리스토텔레스의 중용정체에 관한 구상은 아테네 민주정체의 기초를 세운 솔론의 발상에 기인한다. 솔론은 1) 지나친 과두제의 요소를 폐지하고 2) 인민의 노예 상태를 개선하고 3) 귀족제, 과두제, 민주제의 특징을 잘 혼합(mixture)하여 아테네 민주정의 토대를 확립했다.[110] 이렇게 볼 때 아리스토텔레스의 폴리티는 솔론의 전후 시기부터 존재해왔던 혼합정체의 플러스 유산을 재편성한 것이라고 볼 수 있다.

아리스토텔레스는 폴리티를 "모든 정체에 공통된 이름, 즉 사람들이 정체로 부르는 것(politeian kalousin)"[111]이라고 하여 그 이전부터 전해내려온 개념을 사용했지만, 이 정체의 내용은 1인이나 소수가 아니라 다수의 정체로서 현실적으로는 중산층을 담당세력으로 하고 과두제의 지혜와 민주제의 자유를 결합한 혼합정체(mixed constitution)의 성격을 띠는 것이다. 당시 그리스에 존재하던 많은 폴리스의 정체는 과두제 아니면 민주제 또는 그 변형들이었는데, 아리스토텔레스는 이 양자를 잘 혼합할수록 그 정체는 지속성이 있다[112]고 보고, 다음과 같은 세 가지 혼합방법을 제시하고 있다.

① 두 정체의 법률의 특징을 적절히 혼합하는 경우

이를테면 재판규정에서 과두제와 민주제의 특성을 잘 혼합하여 공통의 중간적인 것(koinon kei meson)을 만드는 것이다. 즉 재판에 출석하지 않은 가난한 사람에게 수당을 지급하는 민주제의 재판규정과 재판에 출석하지 않은 부자에게 벌금을 과하는 과두제의 재판규정을 선택함으로써 가능한 한 다수가 국정에 참가하도록 한 것이다.[113]

② 두 정체의 절충, 타협을 선택하는 경우

이를테면 민회에 참가하는 조건으로 재산 자격을 요구하는 과두제와 재산 자격을 필요로 하지 않은 민주제의 중간을 선택하여 적정한 재산 자격을 설정함으로써 보다 많은 시민들의 정치 참여를 유도한 것이다.[114]

③ 두 정체의 장점을 혼합하는 경우

이를테면 관직을 추첨으로 뽑는 민주제와 선거로 뽑는 과두제의 장점을 살려 과두제로부터는 선거제도를 채용하여 직책을 전문가에게 맡기고 민주제로부터는 직책의 요건인 재산 자격을 없앰으로써 직책을 가능한 한 다수에 개방하는 것이다.[115]

여기서 주목해야 할 것은 다양한 혼합의 방법에도 불구하고 극단이 아닌 중간의 선택이라는 점과 가능한 한 다수의 정치참여를 유도하고 있다는 점이다. 이 두 가지 점에서 혼합정체와 중간정체는 공통성을 가지고 있으며, 폴리티야말로 혼합정체와 중간정체의 특성을 공유하고 있다고 말할 수 있다.[116] 요컨대 폴리티는 좋은 혼합(good mixture)의 정체로서 과두정과 민주정의 극단적인 요소를 배제하고 중간적인 것과 다수의 요인을 결합한 것이다. 과두정이 소수의 지배라는 점에서 귀족정과 유사하다면 폴리티는 다수의 지배인 민주정에 큰 비중을 두고 있다. 아리스토텔레스는 민주정, 과두정, 참주정과 마찬가지로 폴리티를 불완전한 정체의 카테고리에 넣고 있지만, 그 폴리티가 과두정과 민주정의 적정한 혼합(proper mixture)에 성공한다면 가장 덜 불완전한, 그런 의미에서 가능한 최선의 정체가 될 수 있다고 본다.[117]

이처럼 정체 구상에서 아리스토텔레스의 중용사상은 구체적으로는 혼합의 방법으로 나타났으며 폴리티는 그 명칭의 다양한 해석에도 불구하고 실제로는 중용의 정체로서 그 형성과정에는 타협, 절충, 균형의 판단과 선택행위가 수반된 것이다. 그런데 정체 구상에서 아리스토텔레스가 가장 강조한 것이 극단적인 빈부격차의 배제이다. 지나친 부와 빈곤은 극단으로 치닫기 쉬우며 서로 지배하지 않으면 지배받지 않을 수 없는 이분법적 사고로 인해서 늘 분쟁의 원인이 되기 쉽다는 것이다.

그러나 중간계급은 적정한 재산을 가진 사람들로서 빈곤한 사람들에게서 나타나는 탐욕을 가지고 있지 않으며 그러한 탐욕의 대상도 되지 않기 때문에 가장 안전한 계급이다. 중간계급 내에는 당파적 알력이 적고 중간계급이 다수인 정체에서는 갈등이나 분열이 최소화된다. 다른 두 계급이 분쟁 중에 있을 때 가장 신뢰할 만한 사람은 중재자가 될 것이며 그 역할은 중간계급에 어울리는 것이다. 그는 양극단의 계급을 중재하고 갈등이 어느 한 계급의 승리로 끝나지 않도록 해준다.

아리스토텔레스는 폴리티에 걸맞은 재산의 정도, 국가와 인구의 규모에 대해서도 중용적 관점을 관철시키고 있다. 그에 의하면 개인이든 국가든, 덕에 부합하는 생활을 하기 위해서는 적정한 물질을 구비하고 있어야 한다. 그렇다면 아리스토텔레스가 중용의 정체로 본 폴리티에 부합하는 적정한 재산은 어느 정도인가? 적정한 재산을 행복한 삶의 기본으로 본 아리스토텔레스의 재산에 관한 논의는 그의 스승인 플라톤의 공유제(共有制)에 대한 비판에서 극명하게 드러난다. 재산은 그것이 특수한 목적을 달성할 수 있도록 하는 정도만큼 소유하는 것이 적절하다. 재산의 소유는 자연에 부합할 뿐만 아니라 개인에게는 덕을 실천할 수 있는 수단이며 가정에서는 생활을 위한 필수품으로서, 그리고 국가에서는 구성원의 자급자족의 도구로서 필수불가결한 것이다.

개인과 마찬가지로 국가도 국가의 존립을 위해서는 적정한 재산이 필요하다. 그런데 국가는 두 가지로 나누어 생각해볼 수 있다. 하나는 국가의 재산이고 다른 하나는 그 구성원들이 가지는 재산이다. 우선 아리스토텔레스는 다음과 같이 적정량의 국가 재산을 설명하고 있다. "국가의 재물은 그것이 너무 커서 더 강력한 인근국가들을 유혹하게 되어서는 안 되며 침입자들을 반격할 수 없어서도 안 된다.[118] 그리하여 국가 재산의 가장 적정한 한도는 "더욱 강한 이웃나라가 그대의 과도한 부를 탐내어 전쟁을 유발하는 동기를 부여하지 않을 정도의 것이어야 한다. 재물을 과도하게 적게 가지는 것도 이웃나라로 하여금 경우에 따라서는 전쟁을 도발하도록 할 것"[119]이다. 그는 "최대다수에 의해서 공유되는 것은 가장 빈약한 취급을 받는다"[120]고 하여 플라톤처럼 처자식이 공유될 경우 발생할 수 있는 무책임을 비판한다. 모든 사람들의 자식이 되는 수많은 아이들은 모든 사람들에 의해서 소홀하게 취급되기 쉬우며, 이는 공동으로 소유되는 국가의 재산에도 그대로 적용된다고 보았다. 공유재산은 그 쓰임이 애초에 수단으로서 요구되는 기능을 제대로 발휘하지도 못할뿐더러 그것이 부족할 경우 재산을 늘리기 위한 노력에서도 개개인의 적극적인 참여를 기대할 수 없게 되는 것이다.

그 다음으로 아리스토텔레스는 국가의 구성원들의 재산에

대해서도 중용의 관점에서 세심한 배려를 하고 있다. 그는 중간계급의 적정한 물적인 기반의 중요성에 대해서 다시 강조한다. 국가 재산도 적정량이어야 하지만 국가를 구성하는 구성원들의 재산을 임의로 조정하기가 쉽지 않다. 결국 국가 구성원의 적정한 재산은 국가의 운명을 담당하는 계급과 관련하여 설명할 수 있다. 즉 너무 부유하지도 않고 너무 빈곤하지도 않은 적정한 재산을 가진 계급이 국정을 운영하도록 함으로써 내부적으로 파벌 간의 갈등을 줄이고 그 갈등으로 인한 정체의 분열가능성을 최소화할 수 있다고 본 것이다.

그리고 아리스토텔레스는 실현 가능한 최선의 정치체제의 조건으로 시민의 수와 성격, 영토의 크기와 질, 그리고 국가의 여러 기능들, 도시의 위치와 교육에 이르기까지 여러 요소들을 중용의 관점에서 논의하고 있다. 그에 의하면 인구가 너무 적으면 자급자족할 수 없으며 너무 많으면 정치체제를 유지하기 어렵다. 좋은 정치는 좋은 질서를 수반하기 마련인데, 인구가 너무 많으면 좋은 질서를 유지하기 어렵다. 그리고 영토의 경우 흡사 너무 크거나 작은 배가 항해하기 어려운 것과 마찬가지로 국가도 너무 크거나 작으면 자기 능력을 발휘하기 어렵다.[121] 아리스토텔레스는 인구의 규모에 대해서도 "생활의 자족을 위해서 충분하고 한눈에 조망할 수 있는 최대한의 수"로 규정하고 있다.[122]

이처럼 중용사상의 연속성에서 보면 플라톤에게서 아리스토텔레스에게로 관류하는 혼합정체론은 그 정수라고 볼 수 있다. 플라톤은 『법률론』에서 이미 군주정의 지혜와 민주정의 자유라는 두 정체의 장점을 결합하는 혼합정체를 실현 가능한 최선의 정체로 제시한 바 있다. 즉 중용과 절제를 제도화한 법에 따르는 혼합정체는 중용의 삶과 공동체의 안정을 가능하게 해주는 것으로 보았기 때문이다. 사상내재적으로 보면 아리스토텔레스의 혼합정체론은 플라톤의 『법률론』의 연속이라고 볼 수 있다.

이상에서 우리는 아리스토텔레스가 가능한 최선의 정치체제를 구상함에서 그 정체의 구성부분들을 거의 예외 없이 중용의 관점에서 설명하고 있고 서양 정치사상에서 시민권을 가지고 있는 혼합정체라는 개념의 사상내용이 중용의 원리와 방법을 담고 있음을 확인할 수 있다. 과거, 현재, 미래를 잇는 민주주의 사상사의 문맥에 한정해본다면 아리스토텔레스의 중용의 정체는 가장 덜 불완전한 정체로서 다수의 지배와 법의 지배라는 두 가지 정의의 원칙에 토대를 둔 민주주의 정치체제의 원형이라고 볼 수 있다. 이 두 원칙은 아리스토텔레스의 중용적 인간관의 산물이다. 앞서 지적했듯이 그는 인간을 신과 짐승의 중간자, 정치적 동물, 사회적 동물 그리고 이성적 동물로 본다. 그는 인간의 일상생활과 정치생활을, 인간의 가능성과 한계에 대한 깊은 자각을 토대로 풀어나가고 있다. 그에 의하면 인간은 완전한 이성의 구현체인 신과 비이성적인 야수의 중간으로 이성적이지만 동물이기 때문에 완전한 이성의 체현자가 될 수 없다. 그러면서도 인간은 정치적인 동물이기 때문에 정치공동체 안에서 다른 사람과의 끊임없는 관계 속에서 자리매김될 수밖에 없는 존재이다. 플라톤이 신의 경지에 올려놓은 철인왕도 어디까지나 인간일 뿐이며, 따라서 철인왕에 의한 군주제는 아리스토텔레스에게는 현실성이 없는 것이다. 그는 1인 군주나 우수한 소수보다 다수(majority)가 주권자여야 하는 논점을 제기하면서 "다수는 그 한 사람 한 사람이 우수하지 않더라도 합치면 소수보다 좋을 수 있다"[123]고 믿는다. 그는 1인 군주나 소수귀족 그리고 중우(衆愚)가 아닌, 덕과 사려의 일정 부분을 가지고 있는 다수(중산층)의 지배를 일관되게 선호하고 있다. 인간은 이성과 비이성의 혼합체로서 인간성 안에는 이기적 특성이 내재해 있으며 그 욕망이 없다면 인간이 아니라 신이다. 인간의 지배에는 훗날 마키아벨리가 사자와 여우의 지배에 비유한 폭력의 지배가 따를 수 있다. 왜냐하면 인간의 이기적인 욕망은 야수와 같고 과도한 욕망은 최선의 지배자까지도 파탄상태에 빠트릴 수 있기 때문이다.[124] 여기에 법의 지배의 존재이유와 정당성이 있는 것이다.

    아리스토텔레스는 법을 신의 명령이라고 한 플라톤에 이어

법의 지배를 신의 지배라고 하여 높은 권위를 부여하면서 현실적으로는 정치체제의 다양한 구성요소들을 중용의 제도화로 설명하고 있다. 결국 아리스토텔레스는 실현 가능한 최선의 정치체제가 무엇인가 하는 절실한 물음에 대해서 덕과 교육, 능력이나 재산의 수준에서 1인왕이나 소수귀족이 아닌 다수의 보통사람들의 기준에서 만들어진 정체라고 답하고 있다.[125] 그는 플라톤과 마찬가지로 군주제와 귀족제를 이상적인 정체로 보았으나, 현실적으로는 최악의 참주정과 중우정이 악순환하기 때문에 이 양극단의 정체를 배제하고 가능한 최선의 정체로서 폴리티라는 중용의 정체, 실제로는 중산층의 정체(middle class polity)[126]를 제시하고 있다. 이 중산층의 정체야말로 소수의 귀족정체보다 다수의 민주정체에 가까운 것으로 극단적 민주주의인 중우정적(衆愚政的) 요소를 배제한 민주정체로서 아리스토텔레스가 가장 신뢰할 수 있는 정체이다.[127]

이처럼 아리스토텔레스의 폴리티는 문제의식으로는 플라톤의 혼합정체론의 연장선에 있으나, 그 혼합정체의 개념, 사상, 담당세력의 면에서 보면 중용의 사상과 그 사회적 기반으로서의 중산층을 핵심개념으로 하는 정치체제라고 말할 수 있다. 이처럼 중용의 제도화로서의 법치에 대한 기대에서 플라톤과 아리스토텔레스는 일치하고 있으나, 1인 또는 소수지배에 철학적 기초를 제공한 플라톤과는 달리 아리스토텔레스는 1인이나 소수보다 다수에 대한 확신을 견지하고 있고, 중우정에 대한 경고에서도 플라톤과 아리스토텔레스는 궤를 같이하고 있으나, 플라톤이 1인 또는 소수지배에 대한 신뢰를 버리지 않은 데에 반해서 아리스토텔레스는 다수의 현실적인 형태로 중산층의 정치체제를 명확히 선호하고 있다는 점이 주목할 만하다.

이렇게 볼 때 폴리티는 다수와 법치를 내용으로 하는 고대판 입헌민주주의의 단초로서 단지 아테네 민주정에 대한 사후 정당화라기보다 민주정의 장단점을 경험적으로 숙지하고 있던 아리스토텔레스가 구상한, 그야말로 불완전성을 최소화한 정체(the least imperfect government)라고 볼 수 있다. 그런 점에서 아리스토텔레스의 중용정체(middle polity)야말로 그리스에서 중용의 정치사상의 정수라고 볼 수 있으며, 오늘날 아리스토텔레스를 근대 입헌민주주의의 아버지라고 부르는 것도 이 중용정체를 입헌민주주의의 원형으로 보기 때문이다. 아리스토텔레스에게 비친 인간의 행위, 특히 정치행위는 플라톤의 이데아나 진리(에피스테메)의 영역과는 너무나 거리가 먼, 복잡하고 변화무상한 역사적 현실이며, 이성적이기는 하나 불완전한 인간들의 다양한 의견의 공존과 충돌을 조정하며 합의에 이르는 끝없는 과정이다.

아리스토텔레스에 의하면 우리의 논의는 그 주제에 상응한 정도의 명확성으로 충분하며 모든 주제에 대해서 장인이 공예

품을 만들 때와 같은 정확성을 일률적으로 요구할 수 없다. 더욱이 정치학이 연구대상으로 하고 있는 선(善)이나 정의에 대해서는 견해가 다양하고 변동이 심해서 수학에서와 같은 엄밀성을 기대해서는 안 된다.[128] 정치행위는 원리에서 연역된 자명한 진리가 아니라 개별적, 구체적 경험에 관련되는 실천적 지혜의 선택행위이다. 중용의 정치체제도 경험의 배후에 존재하는 영원불변의 이데아의 발현이 아니라, 인간의 다양한 경험 가운데서 극단적 요소를 배제하고 실천적 지혜를 통하여 합의점을 찾은 결과이다. 이처럼 그리스인에게 정치는 실천적 지혜의 문제이며 정치적 실천의 영역에서는 절대적인 진리는 없고 구체적인 의견이나 주장의 정당화를 통하여 얼마만큼 많은 사람을 설득할 수 있는가가 문제이다.

원리와 구체적인 상황의 변증법적인 상호작용을 통해서 도달한 최적의 타협이 바로 중용(時中)이며, 이러한 시중의 탐구는 존 롤스가 정의(의 원리)를 독단론과 환원주의라는 두 극단의 중용으로 파악한 것과[129] 원리와 상황의 상호작용을 통해서 성찰적 균형을 찾고, 그 과정에서 사려 깊은 판단(considered judgment)[130]을 도출하는 방법과 유사하다. 이때 아리스토텔레스가 탐구한 중용은 극단을 배제한 중간의 영역이지만, 현실적으로는 가능한 최선이며 정치적 목표가치로 보면 최량(最良)의 정점[131]이라고 할 수 있고, 중간이기는 하지만 원에서 중심을 찾는 것만큼이나 어려운 최적(最適)의 선택이다.

　서양 사상은 흔히 플라톤과 아리스토텔레스의 주석(footnotes)에 불과하다고 한다. 두 사상가 중에서 어느 한 쪽을 과대 또는 과소평가하는 경우도 있고 단순 이분법으로 설명하는 경우도 있다. 어떤 사람들은 플라톤을 전체주의의 원흉[132]으로 보면서 아리스토텔레스에게서 민주주의의 뿌리를 찾으려고 하고, 어떤 사람들은 플라톤의 이상과 아리스토텔레스의 현실, 그리고 플라톤의 사상은 서양 관념론의 뿌리이고 아리스토텔레스의 사상은 서양 경험론의 뿌리라는 식의 단순 비교를 한다. 그러나 두 사람 사이에는 복잡한 사상적 상호 의존관계가 존재한다고 말할 수 있다. 플라톤이 철학에서 출발하여 현실의 법률로 이어졌다면, 아리스토텔레스는 현실의 경험에서 출발하면서도 철학적 삶의 중요성을 잊지 않았다. 소크라테스 없는 플라톤을 상상할 수 없는 것과 마찬가지로 플라톤 없는 아리스토텔레스도 상정하기 어렵다. 소크라테스의 절제, 플라톤의 절제와 중용에 이어 그 지적 흐름 속에 관류하는 중용사상이 아리스토텔레스에 와서 집대성되었다고 볼 수 있다.

　아리스토텔레스는 그의 『정치학』 제7권에서 소크라테스와 초기의 플라톤을 방불케 하는 정치공동체에 관한 이상적인 논의, 즉 최선의 삶과 최선의 정체에 대한 논의를 다시 전개하고 있다. 개인에게 최선의 삶이란 행복한 삶이고 그 삶이란 외부적인 선, 이를테면 부나 명예나 권력과 같은 것이 어느 정도 갖추어진 상태에서 정신적인 선을 추구하는 사람에게 가능한 삶이다. 전자는 정치적인 삶이라고 할 수 있고 후자는 철학적인 삶[133]이라고 할 수 있다. 최선의 삶에 필적한 최선의 정체는 사람들이 정신적인 선, 즉 덕을 실천할 수 있게끔 적절한 정도의 외부적인 선을 구비하고 있으면서 정의를 실현하는 정치체제라고 할 수 있다. 다시 말하면, 개인의 삶이든 국가의 삶이든 그것이 행복한 삶이 되려면 정치적인 삶과 철학적인 삶의 결합이 이루어져야 한다는 것이다. 아리스토텔레스에게 중용은 개인적인 삶이든 국가적인 삶이든 간에, 또한 철학적인 삶이든 정치적인 삶이든 간에 그 내면에 관통하는 삶의 원리요 방법이라고 말할 수 있다.

5
결론

1. 정치적 인식의 방법

지금까지 필자는 고대 중국의 유교 정치철학과 고대 그리스의 폴리스 정치철학에 공통되는 중용사상의 특징을 밝혀왔다. 고대 그리스의 폴리스 철학에서는 인간의 모든 감정과 행위에 중용이 있다고는 보지 않았고, 중용을 윤리적, 정치적 규범으로 보면서도 그 중용의 규범에 대한 형이상학적인 정당화를 시도하지는 않았다. 그리고 고대 중국의 공맹학(孔孟學)에서는 중용을, 인간의 일상적인 삶, 정치적인 삶 그리고 철학적인 삶을 꿰뚫는 규범으로 파악하면서도 중용 개념의 의미내용과 적용범위를 한정하는 구체적인 언급은 없었다. 이처럼 고대 중국과 고대 그리스가 중용에 대한 개념화에 애매성을 보이면서도 중용이 과, 불급이 없는 것, 즉 극단이 아닌 중간 영역이라는 점과 그 중용에 규범적인 가치를 부여하고 있는 점에서는 완전히 일치하고 있다.

본론에서 밝혔듯이 고대 중국의 중용(中庸)과 고대 그리스의 중용(mesotēs)은 극단이 아닌 중간영역에서 판단한 최적의 균형으로 그것이 바로 정의(올바름)인 것이다. 여기서 명사로서의 중용은 중심, 최적의 균형, 올바름 등의 의미이고, 동사로서의 중용은 그 중심을 맞히고(命中, 的中) 그 균형, 올바름을 판단하고 실천하는 행위인 것이다.

중용은 인간의 일상생활이나 정치생활의 복잡한 상황 속에서 개별적으로 제기되는 문제에 대한 해답으로 가능한 최선의 방법을 선택하는 것인데, 이때 과, 부족의 극단이 아닌 중용의 원리는 구체적인 현실 속에서는 시중(時中)이나 권형(權衡)의 형태로 발현된다. 고대 중국의 시중과 권형에 상응하는 아리스토텔레스의 개념이 다름 아닌 "우리와 관련된 중용"과 실천적 지혜 또는 사려(phronesis)이다. 가능태(dynamis)로서의 중용이 현실태(energeia)로서의 시중이나 실천적 지혜로 나타난다는 점에서도 고대 중국과 고대 그리스의 중용사상의 강한 동질성을 확인할 수 있다.

아리스토텔레스의 "우리와 관련된 중용"에서 말하는 "우리"는 인간 일반, 또는 폴리스의 구성원일 수도 있는데, 현대 용어로 말하면 너와 나일 수도 있고 "우리"일 수도 있다. 분명한 것은 "우리와 관련된 중용"은 인간관계에서의 중용, 즉 인간의 일상적, 정치적 관계에서의 중용이라는 점이다. 따라서 당연하게도 "우리와 관련된 중용"은 산술적이고 기계적인 중간이 아니라, 관계성을 중심으로 하는 인간적인 중용을 표상한 개념이다. 고대 중국에서 뿌리를 내리고 한국의 선각자들이 즐겨 사용하고 실천한 중용 개념이 바로 시중인데, 이때 시중의 시는 시간이 중심이기는 하나 언제, 어디서, 누가, 무엇을, 왜, 어떻게 등의 조건을 올바르게 판단하는 것을 전제로 한 아리스토텔레스의 중용 개념과 다를 것이 없다.

시중의 일상화와 함께 나타날 수 있는 권도(權道, 權衡)는 인간의 일상생활이나 정치생활의 구체적 상황 속에서 결단을 요구받는 실천규범으로서의 중용이다. 더욱이 정치적 함의를 가지는 중용의 선택은 권도의 판단과 선택인 경우가 많다. 이 권도에 상응하는 아리스토텔레스의 중용이 다름 아닌 실천적 지혜(사려)이다. 이미 밝혔듯이 아리스토텔레스에 의하면 정치학은 실천학이요 정치는 이론이 아니라 실천이다. 이 경우 정치학과 정치는 동전의 양면처럼 따로 떼어 생각할 수 없다. 정치(학)의 목적이 정의, 즉 중용의 실천, 다시 말하면 시중의 정의를 실현하는 것이라면 복합적인 요인들이 상충하는 정치현장에서의 중용의 선택은 권도의 선택이요, 실천적 지혜의 구현일 수밖에 없다. 이러한 권도와 사려, 실천적 지혜의 온축(蘊

蓄)이 바로 『중용』의 경륜(經綸)이나 플라톤의 직조술로 표현된, 고도로 성숙한 통치술이다.

이상에서 볼 때 인간의 관계성과 그것을 둘러싼 상황성을 매개로 하는 중용적 사고와 상황, 조건, 과정 등 복잡한 요인들을 종합적이고 변증법적[1]으로 파악하는 정치적 사고는 그 인식과 판단의 방법에서 마치 동심원과 같은 유사성을 가지고 있다고 말할 수 있다. 정치사상의 문맥에서 보면 시중의 정의(時中之義)를 추구하는 중용적 사고와 정의의 실현을 위한 실천적 지혜를 탐구하는 정치적 사고는 궤를 같이하는 것이다.

2. 정치지도자의 자질

중용적 사고와 정치적 사고의 유사성의 관점에서 보면 무릇 정치적 행위자(정치가)라면 의식하건 의식하지 않건 정치적 실천의 과정에서 균형을 찾는 중용적 사고가 어느 정도 몸에 밸 수 있으며, 이론적 최선이 없고 최악만은 피해야 하는 현실 정치의 한계상황하에서는 차선의 선택이 가능한 최선일 수밖에 없다는 이른바 중용 체험으로부터 완전히 자유로울 수는 없을 것이다.

역사의 흐름과 함께 지배자의 수가 1인에서 소수로, 그리고 그 소수가 다수로 바뀌어왔음에도 불구하고 상대적 소수지배의 철칙에 근본적인 변화는 없다. 그리스 민주주의의 초기단계부터 플라톤은 다수지배에 전제정치의 유혹이 있음을 꿰뚫고 있었고, 근대에 와서도 밀, 토크빌 등이 다수의 전제에 대한 경고를 잊지 않았다. 최근에 와서는 좌우 포퓰리즘으로 인한 아나키에 대한 경고가 이어지고 있고 그 연장선상에서 탁월성을 가진 정치지도자에게 민주적 리더십을 기대할 수밖에 없다는 주장이 늘어나고 있다. 이때 탁월성은 정치적 사고방법과 통치술로서의 중용의 덕을 의미한다.

정치사상의 중심내용이 탁월성을 가진 정치사상가나 정치지도자의 사상이라면 정치지도자의 자질은 정치사상 연구의 주요한 테마가 아닐 수 없다. 그런 점에서 중용 능력을 가진 정치지도자는 경륜과 실천적 지혜를 갖춘 정치가에 다름 아니다. 본론의 분석범위 안에서 예를 들어본다면, 공맹학에서는 세습 왕으로 요(堯), 순(舜), 우(禹), 탕(蕩)에 이어 차선의 중용 능력을 가진 정치지도자들이 예시되어 있다. 그리고 폴리스 철학에서 플라톤은 철인왕, 중용의 통치술을 가진 사람, 그리고 탁월한 입법자를 이상형으로 보았고, 아리스토텔레스는 중용 능력을 발휘하여 큰 업적을 남긴 역사적인 인물로 솔론과 페리클레스를 꼽았다. 특히 그는 아테네 민주주의 시대의 정치지도자 페리클레스를 실천적 지혜의 체현자로 높이 평가하고 있다. 이들 동서양 정치지도자들의 공통된 자질은 중용적 판단력과 그것을 바탕으로 한 중용적 리더십이다.

두말할 것도 없이 인간 능력의 존재론적 한계로 인해서 인간에게 무오류(無誤謬)의 판단을 기대할 수 없으며 시시각각으로 변화하는 정치적 상황에서 언제나 사려 깊은 판단을 내릴 수 있다는 보장은 없다. 그런데 2,500여 년의 세계사의 경험에서 보면, 절대화와 극단주의는 시간의 흐름과 상황의 변화와 함께 상대화의 과정을 밟지 않을 수 없고, 더욱이 군사력과 이데올로기의 절대화와 양극화로 난공불락으로 보였던 동서 냉전이 무너진 이후 세계는 지금 권력, 이데올로기, 국가 등 정치의 모든 영역에서 그 가치와 영향력이 상대화의 변화를 겪고 있다. 이와 같은 상대화의 시대에는 극단이 아닌 중간영역에서 균형, 절충, 혼합, 융합 등의 지적, 정치적 상상력이 필요하며 바로 이러한 중용적 구상력이야말로 상대화 시대의 정치지도자의 자질이라고 말할 수 있다.

정치현장에서 중용적 구상력은 대체로 부수의 자기개혁(self-reform)과 진보의 탈급진화(deradicalization)로 나타나는데, 이러한 시대정신에 걸맞은 정치 리더십의 핵심개념으로 등장하고 있는 "역설적 중용(paradoxical moderation)"[2]은 주목할 만하다. 역설적 중용은 선악이분법 또는 이율배반과 같은 제로섬(zero-sum)적 상황에서도 상대를 과감히 인정하고 때로는 양보의 이니셔티브를 선택하는 정치지도자의 자질로서 정치언어의 참다운 의미에서의 타협, 즉 통합의 예술(art to integration)이라고 말할 수 있다.

3. 중용민주주의 : 중용과 평화의 정치체제

오늘날 지구상에 존재하는 200여 국의 주권국가들 가운데 3분의 2이상이 민주국가로 분류되고 있다.[3] 그리고 나머지 3분의 1에 해당하는 나라들은 정치적 권리나 시민적 자유의 기준에서 민주국가로 분류될 수 없으나 자기 나라의 정체를 비(非)민주국가라고 말하는 나라는 없으며, 실제로 가장 비민주적인 국가마저도 자국을 민주주의 국가로 일컫고 있다. 이처럼 민주주의라는 하나의 정치원리가 전 세계를 지배하고 있는 것은 인류역사상 처음 있는 일이다. 민주주의에 대한 해석에 쟁점이 있고 민주주의가 불완전한 정치체제라는 것을 알면서도 아무도, 그 어떤 나라에서도 민주주의를 전면 부정하는 의견이나 주장을 들을 수 없다.

정치사상은 대체로 무엇이 최선의 정치공동체, 즉 최선의 정치체제인가에 대한 체계적인 대답이었고 지구촌 인류가 공유하고 있는 민주주의의 역사도 정치사상의 역사만큼이나 길며 정치사상사의 많은 부분이 민주주의 정치사상사라고 해도 과언이 아니다. 본론에서 필자는 오늘날 민주주의 정체의 역사적 원형의 하나였던 그리스 폴리티의 핵심가치가 중용이었음을 소상히 밝혔다. 그렇다면 과거, 현재, 미래로 이어지는 역사과정에서 과연 중용이 민주정치체제의 핵심가치로서의 지속성을 유지할 수 있을 것인가?

본론에서 밝혔듯이 중용은 개인의 수기(修己) 차원에서는 인간의 내면적 평화의 기본이요, 인간관계를 바탕으로 하는 치인(治人)의 차원에서는 가정의 평화(家和萬事成)를 매개로 하여 궁극적으로는 치국평천하(治國平天下), 즉 정치공동체의 평화로 이어진다. 그 평화로운 정치공동체의 모델은 고대 중국의 경우는 왕정에 의한 신의(信義)공동체였고, 고대 그리스의 경우는 혼합체제를 내용으로 하는 합법 다수의 민주정체였다.

필자는 1970년대 이래 평화와 중용을 정치사상 연구의 주제로 삼아왔다. 1988년에 출판된 『평화의 정치사상』에서는 서양 고전 속에서 평화의 정치사상을 추출함으로써 평화가 개인의 마음의 평화에만 머물러 있는 것이 아니라 국가, 그리고 국제 수준에서의 전쟁의 부재상황을 재생산하는 끝없는 과정임을 밝힌 바 있다. 필자의 연구에 의하면 상호인정(mutual recognition)의 조화로운 상태인 평화는 동시에 중용의 상태이고 특히 고대 중국에서나 고대 그리스에서 중용은 평화로운 정치공동체의 조건이었다.

지금까지 평화와 중용에 관한 필자의 연구에 의하면 중용이 인간관계에서나 정치관계에서 갈등의 최소화를 통한 균형의 유지를 기본내용으로 하고 있다는 점에서 평화사상의 내용과 크게 겹친다. 인간성에 내재하는 천사적 요소와 악마적 요소가 변함이 없는 한 인간의 일상생활이나 정치생활에서는 중용을 일탈한 양극의 상황이 있을 수 있고 극한적 갈등과 그 집단적 표현으로서의 전쟁의 개연성을 부인할 수 없다. 그만큼 중용을 견지하기 어렵고 그만큼 평화를 지속하기 어렵다고 말하지 않을 수 없다.

평화와 중용은 그 내포와 외연에서 볼 때 개인, 국가, 세계, 우주를 대상으로 하고 있다는 점에서 많은 공통점을 가지고 있다. 그러나 좁은 의미에서 보면 평화는 국가 내 또는 국가 간의 전쟁과 구조폭력[4]의 부재상태이며, 중용은 개인의 주체성의 심화과정과 조화로운 정치공동체의 형성에 관심이 집중되어 있다. 다시 말하면 평화가 궁극적으로 정치학의 주제라면 중용은 윤리학과 정치학의 종합적인 주제인 점이 그 특징이다. 더욱이 중용과 평화를 정치사상의 주제에 한정할 경우, 의미 있는 공통점은 이 두 개념이 민주주의 정치체제의 성격을 규정짓는 결정적인 가치라는 점이다.

『평화의 정치사상』에서 필자는 민주평화론(democratic peace theory)의 사상적 연원을 2,500년 이래의 서양 사상사에서 찾았다. 오늘날 민주평화론의 기본축인 민주주의 정치체제의 원형을 필자는 고대 그리스의 혼합정체, 그중에서도 아리스토텔레스의 다수, 합법 민주정체(polity)에서 찾았다. 아리스토텔레스의 폴리티는 한마디로 고대 그리스에서 중용의 윤리, 중용의 정치를 제도화한 공동체에 다름 아니다. 고대 그리스인은 다양한 정치체제를 논의하는 과정에서 중용에 가장 근접한 체제인 폴리티를 구상했고, 고대 중국인은 중용의 가치를 체현했던 왕제(先王)를 모델로 했던 것이다. 고대 그리스의 폴리티가 귀납적 추론의 결과라면 고대 중국인의 선왕은 연역적 추론의 기점이 되는 셈이다.

1970년대 이래 필자는 "중용은 아름다워(middle is beautiful)" 그리고 "중용은 평화(middle is peaceful)"라는 두 명제를 제시해왔다. 전자는 인간의 감정과 행위 그리고 정치의 아름다움을, 그리고 후자는 민주주의 정치체제의 성격을 규정하는 가치로서의 중용과 평화의 공통성을 상징적으로 표현한 것이다. 이제 필자는 지난 반세기 동안 평화와 중용의 정치사상 연구를 결산하면서 중용민주주의[5]라는 새로운 개념을 창출하고자 한다. 중용민주주의는 ① 인간의 존재론적 상대성, 즉 인간 능력의 가능성과 한계에 대한 자각을 토대로 하여 ② 각종 절대주의, 극단주의, 원리주의, 패권주의를 거부하고 ③ 다수와 법의 지배를 원칙으로 중용과 평화를 실현하는 정치체제이다.

한편 성군(聖君)에 의해서 실현되었던 고대 중국(Middle

Kingdom)의 중용정치가 현재와 미래의 중국에 어떤 형태로 재현될 것인지? 오늘날 중국인이 그들의 체제를 선왕지치(先王之治)의 연장선에서 보고 있는지? 아니면 하드 파워 중심의 패권주의의 길로 질주할 것인지? 보편적인 시대정신인 민주주의를 중국의 토양에 수용하는 과정에서 안팎으로부터의 민주화 도전에 공산당 일당독재가 버텨나갈 수 있을 것인지? 설령 당 내의 민주주의나 성(省) 수준의 자치에 일정한 진전이 있다고 하더라도 현재의 중국 정치를 중용민주주의의 관점에서 설명하고 평가하는 것은 시기상조이다. 다만 눈여겨볼 수 있는 것은 고대 이래 중국은 제도보다 인간에 무게를 둔 인치(人治)의 전통에 강한 연속성이 있다는 점이다. 중용을 개인의 주체성의 심화로 본다면 그 심화의 경지가 높은 사람이 성인이요, 군자이며 그것이 바로 오늘날의 정치지도자인 것이다.

이렇게 볼 때 정치체제에 대한 담론보다는 수기치인(修己治人)의 경지, 중용의 경지에 이른 정치지도자에 대한 기대는 중국의 전통 속에 면면히 흐르고 있는 듯하다. 저우언라이의 좌우명으로 알려진 구동존이(求同存異)는 중용적 사유의 전형이며, 2011년 현재 13억 중국인의 최고지도자 후진타오의 8대영광(八榮) 가운데 특히 성실신의(誠實信義), 열애조국(熱愛祖國)이 눈에 띈다. "신의를 성실히 가지고 조국을 열렬히 사랑한다"고 한 언명은 수기치인을 통한 전통적 신의공동체와의 연속성을 연상하게 한다.

다른 한편 중용과 평화를 중심 가치로 하는 정치체제의 뿌리는 고대 그리스의 혼합정체로서, 그리스에서 로마의 혼합정체(공화정)를 거쳐 기독교 정치질서인 중세를 뛰어넘어 르네상스 이후 마키아벨리의 혼합정체론으로 다시 부활하여 에라스뮈스, 로크, 루소, 벤담을 거쳐 칸트의 공화제 평화(Republican Peace)론에 합류되었다.[6] 그런 의미에서 오늘날 미국을 중심으로 뿌리내리고 있는 민주평화론은 제한된 경험적 연구의 좁은 틀에 묶어둘 것이 아니라, 2,500년 서양 정치사상사의 긴 항해 선상에서 심도 있게 논의되어야 하고, 그럼으로써 민주평화론에 철학적 권위를 부여할 수 있을 것이다.

극히 일부이기는 하나 민주평화론의 철학적 뿌리를 찾으려는 노력이 없는 것은 아니다. 1970년대 이래로 미국의 학계를 중심으로 제기되어온 민주평화론은 국가적 수준의 평화연구를 발전시켜 정치체제의 민주화와 평화의 관련을 경험적으로 설명하려는 학문적 성과이다. "민주주의 국가 간에는 전쟁을 하지 않는다"[7]는 명제로 널리 알려진 민주평화론을 대변하는 연구자들은 그들 이론의 철학적 거점을 칸트의 공화제 평화론에서 찾으려고 하고, 어떤 사람들은 칸트를 "평화의 발명가"[8]로 자리매김한다.

그런데 위의 논점들은 우선 사실에도 맞지 않을 뿐만 아니라 그 사려 깊지 못한 단순화에 놀라지 않을 수 없다. 우선 정치체제의 민주화와 평화의 상관관계(elective affinity)는 칸트 이전에 이미 다양한 형태로 깊이 있게 논의되어왔다는 점이다. 필자는 『평화의 정치사상』에서 칸트 이전의 시대, 즉 고대 그리스의 플라톤, 아리스토텔레스에서 로마의 폴리비오스, 키케로, 근대의 에라스뮈스, 루소, 벤담에 이르는 오랜 기간 동안 오늘날 민주주의와 친근한 의미를 가진 여러 유형의 정치체제가 국내의 평화에 기여한 점을 논증한 바 있다. 그 다음 '평화의 발명가' 칸트에 관한 논의에서도 재정의를 촉구하지 않을 수 없다. 즉 칸트의 평화사상의 내용 가운데 공화제를 평화의 조건으로 본 관점에 주목한다면 위에서 지적한 것처럼 칸트 이전, 즉 고대 아리스토텔레스의 중용정체론에서 근대 루소의 민주개혁론에 이르기까지 유사한 문제의식이 다양하게 존재했음을 확인할 수 있다. 여기서 강조하고 싶은 것은 칸트보다 200년 전에 이미 에라스뮈스는 공리적 관점에 따른 경제평화론[9]과 함께 평화를 위한 유효한 체제로서 혼합정체를 제기함으로써 아리스토텔레스의 혼합정체에서 칸트의 공화제에 이르는 가교의 역할을 했다는 점이다.

이렇게 볼 때 미국의 민주평화론자들은 그들 평화론의 사상적 거점을 칸트의 『영구평화론』에 집착할 것이 아니라 2,500여 년의 서양 정치사상사의 본류에서 찾아야 할 것이며 민주평화론에 입각한 현실의 정책도 그 만큼 역사의 무게와 정치적 사려를 바탕으로 만들어져야 할 것이다.

클린턴 정부 시대의 "democratic peace"와 부시 정부 시대의 "democracy leads to peace"는 둘 다 민주평화론의 이념에 토대를 두고 있고, 그것은 위에 지적한 대로 역사적 흐름을 타고 있으나 그 이념의 실천으로서의 구체적 정책은 상호인정을 바탕으로 하는 평화와 중용의 원리를 크게 일탈하고 있다. 따라서 중용민주주의의 관점에서 보면 민주평화론과 그것을 정치이념으로 하고 있는 미국의 대외정책은 과도한 "십자군 민주주의(Crusade Democracy)"[10]로 질주할 것이 아니라 적정한 민주적 현실주의(democratic realism)[11]의 선택이 불가피할 것이다.

주

제1장

1. 사카모토 요시카즈 도쿄 대학교 명예교수는 동서 냉전 이후의 세계를 "相對化의 時代"라는 개념으로 파악한다. 그에 의하면 권력과 이데올로기의 절대화 시대의 종언은 20세기와의 결별이며 21세기는 상대화 시대의 출발이다. 坂本義和, 『相対化の時代』, 1997, 岩波書店 참조. 『人間と國家』, 2011, 岩波書店, p. 217
2. Paul Masson-Oursell, *La Philosophie comparée*, Paris, 1923, p. 14. 비교사상, 동서양 비교사상의 유형과 방법에 관한 연구로는 P. T. Raja, *Introduction to Comparative Philosophy*, University of Nebraska Press, Lincoln, 1962, pp. 299-306 J. Kwee Swan Liat, *Methods of Comparative Philosophy*, University Press, Leiden, 1953, pp. 111-185 참조.
3. 베버는 사회학, 경제학, 역사학, 종교학 등 여러 학문의 중간영역의 인식에 대한 성격을 명확하게 하기 위한 방법으로 이념의 유형(ideal typus)의 개념을, 딜타이는 비교사상의 유형으로 세계관의 유형(Typen der Weltanschauung)의 개념을 제시했다.
4. 각종 서양 사상의 수용에 관한 연구, 비교문학 연구, 인도에 대한 서양의 정신사적 접촉의 연구 등이 좋은 예가 될 수 있다. 芳賀徹 外篇, 『講座比較文學』東京大學出版會, 全八卷, 1976; H. V. Glasenapp, *Kant und die Religionen*, Kitzingen-Main, 1954 참조.
5. 하와이 대학교의 계간지 *Philosophy East and West*는 1951년에 창간된 이래 철학의 종합(On Philosophical Synthesis), 철학함에서의 총체적 전망(Total Perspective in Philosophizing), 철학에서 하나의 세계라는 태도(Attitude of One World in Philosophy) 등의 주장을 제기했으나 그후 체계적인 논의의 진전이 없다.

제2장
1. 鄭後洙 譯註,『論語集註』(이하『논어집주』로 함), 梨花文化出版社, 2000, 제6편,「雍也」, p. 165
2.『논어집주』, p. 166. 中者無過不足, 中者不偏不倚.
3.『중용』집주, p. 61. 喜怒哀樂之未發謂之中. 다산은 희로애락의 범주에 사려판단과 같은 인간의 인식작용을 포함시켜서는 안 된다는 의미 있는 해석을 제시한다. 다산은 사려판단을 통해서만 중(中)의 인식이 가능하다고 본다. 따라서 희로애락이 발현되지 않은 상태에서도 사물의 이치를 따질 수 있고 올바름(義)을 생각할 수 있으며 사물의 경중을 판단할 수 있다는 것이다. 이 경우 판단주체를 다산은 신독군자(愼獨君子)라고 했다. 全州大 湖南學硏究所,『國譯 與猶堂全書』(이하『全書』로 함), 7a「中庸講義補」. 이는 중용의 판단을 사려인(思慮人), 실천적 지혜의 소유자에서 구한 아리스토텔레스의 발상과 유사하다.
4. 공자는 중용이라는 말을 처음 쓰면서 덕(德)과 거의 동의어로 중용의 덕을 말하고 있으며 그 중용의 덕을 가진 자가 거의 없다고 하고(『논어집주』, p. 165), 그 중용의 덕을 아는 자(知德者)가 거의 없다고도 했다(『논어집주』, p. 410). Aristotle, *The Nicomachean Ethics*, Translated by Sir. David Ross(이하 *N.E.*로 함), p. 39
5. "The mean relative to us" 개념이 처음 등장하는 것은 *N.E.* 1106a17, p. 37. L. Brown, "What is the mean relative to us in Aristotle's Ethics?", *Phronesis* XLII. 1, pp. 77-93 참조.
6. 공자는 중용을 지키는 군자의 자세를 정곡을 잃지 않은 활쏘기에 비유하고 있다.
成百曉,『大學·中庸 集註』(이하『대학·중용 집주』로 함)의『中庸』제4장, p. 76
아리스토텔레스도 중용을 목표로 하는 행위를 정곡을 겨냥하는 사수(射手)에 비유하고 있다. *N.E.* 1094a19

제3장
1.『논어집주』제6편 雍也, p. 159. 제12편 顔淵, p. 334
2.『논어』에서의 도덕성을 기준으로 한 인간유형의 분류에 관해서는 千德廣史,『儒敎の 道德論』, 1996, ペリカン社, pp. 21-55 참조.
3.『논어집주』제6편 雍也, p. 166. 博施於民而能濟衆.

4. 『논어집주』 제16편 季氏, p. 444. 君子畏聖人之言.
5. 『논어집주』 제14편 憲問, p. 404. 君子修己以敬 修己以安人 修己以安百姓. 공자는 "내가 성인을 보지 못한다면 군자만 보아도 다행이다"라고 했다(聖人 君子得而見之矣 得見君子者斯可矣). 『논어집주』 제7편 述而, p. 187
6. 『논어집주』 제14편 憲問, p. 373. 君子而不仁者 有矣夫 未有小人而仁者也.
7. 『논어집주』 제17편 陽貨, p. 453. 上智與下愚 不移.
8. 『논어집주』 제12편 顔淵, p. 332. 君子之德 風 小人之德 草.
9. 다산은 의(義)에 부합하지 않으면 중용이 될 수 없다(不合於義即 不得爲中庸)고 하고, 주공의 다스림(均), 백이의 사양을 시중지의(時中之義)의 예로 들고 있다. 『國譯 與猶堂全集』(이하 『全集』으로 함), 經集 I · 大學 · 中庸, 全州大學校出版部, 1980, p. 456
10. 다산에 의하면 의에 부합할 뿐만 아니라 권도(權道)에 맞아야(合於義 中於權) 중용군자(中庸君子)임에 손색이 없다. 『全集』, 經集 I, p. 455
11. 롤스가 제창한 윤리학적 방법론, 도덕적 판단(직관)과 도덕적 원리 간의 피드백을 통하여 보다 적절한 도덕원리를 도출하는 과정을 의미한다. John Rawls, *A Theory of Justice*, Harvard University Press, 1971 pp. 48-51, 120, 432, 434, 579 참조.
12. 『대학 · 중용 집주』, p. 62. 君子中庸小人反中庸. 공자는 중용을 기준으로 군자와 소인을 구분하고, 군자의 중용이 바로 시중이라고 했다. 여기서 시중이라는 개념이 처음으로 등장한다. p. 63
13. 『논어집주』, p. 37
14. 『논어집주』, p. 364
15. 『논어집주』, p. 55
16. 『논어집주』, p. 423
17. 『논어집주』, p. 474
18. 『논어집주』, p. 39
19. 『논어집주』, p. 85
20. 『논어집주』, p. 96
21. 『논어집주』, p. 197
22. 『논어집주』, p. 200
23. 『논어집주』, p. 298
24. 『논어집주』, p. 365
25. 『논어집주』, p. 171

26. 『논어집주』, p. 104
27. 『논어집주』, p. 292
28. 『논어집주』, p. 508
29. 『논어집주』 제18편 微子, p. 486
30. 『논어집주』 제13편 子路, p. 362. 공자는 금장(자장) 증철(증자의 아버지) 등을 차선의 인물로 보았다.
31. 『서경』, 「周書·金縢」, "나는 아버지에게 어질고 순해서 재예(才藝)가 많아 귀신을 섬길 수 있으나, 원손은 나처럼 재예가 많지 못하여 귀신을 잘 섬기지 못할 것입니다(予仁若考 能多才多藝 能事鬼神 乃元孫 不若旦 多才多藝 不能事鬼神)."
32. 目加田誠, 『詩經』 叔干田, 1964, 岩波書店, p. 65
33. 『논어집주』, p. 25. 군자는 근본에 힘을 써야 하는데 효도와 공손이 바로 인을 실천하는 근본이다(孝弟也者 其爲仁之本與).
34. 『논어집주』, p. 94. 里仁 爲美.
35. "인하지 않은 사람은 자신의 착한 본성을 잃어서 오래도록 곤궁하면 반드시 도를 지나치고 오래도록 즐겁게 되면 음란한 데 빠진다." 어질지 못하면(不仁), 중용을 일탈하게 된다는 의미. "인을 지키는 것이 편안하다고 여기는 것이 최고 수준이고 인을 이롭게 여기는 것이 그 다음이다." 안인(安仁)과 이인(利仁)의 경지라야 중용을 지킬 수 있다는 의미. 『논어집주』, pp. 94-95
36. "지혜로운 사람은 사리에 통달하여 막힘이 없어서 물과 비슷한 까닭에 물을 좋아하고, 어진 사람은 의리를 지키는 것을 편안히 여겨 두텁고 무거운 것이 산과 비슷하기 때문에 산을 좋아한다." 『논어집주』, p. 160
37. "지혜로운 사람은 사물의 이치를 밝힐 수 있기 때문에 어떤 일에든지 미혹(迷惑)되지 않고 어진 사람은 이치가 분명하여 사사로운 욕망을 이길 수 있기 때문에 걱정하지 않는다." 『논어집주』, p. 245
38. 인은 인간이 타고난 선한 덕인데 자신의 사사로운 욕심 때문에 무너진다. 따라서 인을 실천하는 사람은 반드시 자기의 욕심을 이겨내고 예(禮)를 회복해야 한다. 『논어집주』, p. 311
39. 번지의 질문, "인이 무엇입니까"에 대한 공자의 가장 간명한 대답이 바로 애인(愛人), 즉 사람을 사랑하는 것이다. 『논어집주』, p. 337
40. "강하고 굳세면 물욕에 굽히지 않고 질박하고 어눌하면 바깥(外物)을 향해 치달리지 않기 때문에 인에 가깝다." 『논어집주』, p. 366
41. 어진 사람은 마음에 사사로움이 없기 때문에 의를 보면 반드시 실행한다.

용기에는 혈기(血氣)와 의용(義勇)이 있는데 혈기에 찬 용기가 반드시 어질다고 할 수 없다. 인에 버금가는 용기는 의용이다. 『논어집주』, p. 371
42. 군자가 인에 뜻을 두었어도 잠깐만 마음 쓰지 않으면 불인(不仁)을 면치 못한다고 경고하고 인이야말로 지적, 정치적 지도자로서 군자의 최고 덕목임을 강조하고 있다. 『논어집주』, p. 373
43. 인에 대한 자장(子張)의 질문에 대해서 공자는 다섯 가지 덕목, 즉 공(恭), 관(寬), 신(信), 민(敏), 혜(惠)를 행할 수 있으면 인이 된다고 했다. 『논어집주』, p. 52
44. 공자는 "巧言令色 鮮矣仁"이라는 동일한 문장을 『논어』에 두 차례(제1편 學而 p. 26과 제17편 陽貨 p. 467)쓰고 있고 유사한 뜻을 가진 문장들을 열거하고 있다. "巧言令色은 인이 드물며 剛毅木訥이 인에 가깝다"(p. 366). "교언은 덕을 어지럽히고 참지 못하면 큰 계획을 어지럽힌다"(p. 425). "雍은 어질지만 말은 잘하지 못한다"(p. 114). 그리고 공자는 "오직 어진 사람만이 남을 좋아할 수도 있고 남을 미워할 수도 있다"(p. 95)고 하고 교언(巧言)에 대한 노골적인 증오감(惡夫佞者)을 숨기지 않았다(p. 302).
45. 인이 예악(禮樂), 즉 질서와 조화의 기본임을 강조하고 있다. 『논어집주』, p. 67
46. 같은 맥락에서 군자는 의에 밝고 노인은 이(利)에 밝다고도 했다. 『논어집주』, p. 105
47. 도올 김용옥은 인을 미적, 지적 감수성으로 해석한다. 그는 인을 개인의 인성의 바탕으로 보고 이러한 인의 사회적 표현이 곧 예라고 본다. 말하자면 예는 제도화된 인이다. 도올 김용옥, 『東洋學 어떻게 할 것인가』, 1985. 『檮杌先生中庸講義』, 1997, 통나무 참조.
48. 『논어집주』, p. 56
49. 『논어집주』, p. 514
50. 『논어집주』, p. 331, p. 327
51. 『논어집주』, p. 379
52. 『논어집주』, p. 105. 以己及物 仁也 推己及物 恕也.
53. 『논어집주』, p. 414
54. 『논어집주』, p. 512
55. 『全書』, 經集 II, pp. 136-137. 方相根, 「茶山 丁若鏞 의 中庸의 정치사상」, 고려대학교 석사학위논문, 2005 참조.
56. 『全書』, 1-19. 36a. 「與李如弘書」 恕者 仁之方也.

57. 『全書』, 2-3. 15a. 「中庸自箴」謂之忠恕者 以中心行恕也.
58. 『全書』, 2-6. 20b. 「論語古今註」勞苦先於人 利祿後於人 恕之道也.
59. 『全書』, 經集 I, pp. 77-78
60. 『논어집주』, p. 423. 다산에 의하면 중용의 도를 실행하려면 서(恕)가 아니고서는 이를 능히 할 수 없다(欲行中庸之道者非恕不能).『與猶堂全集』, 經集 I, p. 453
61. 『논어집주』, pp. 452-453
62. 성백효 역주『孟子集註』(이하『맹자집주』로 함), 전통문화연구회, 1996. 맹자는 선성지도(先聖之道), 즉 공자의 가르침을 이어받는 것을 사명으로 했다. 맹자 스스로가 말한 것처럼 그가 태어난 추(鄒)나라는 공자가 태어난 노(魯)나라 근처에 있었다. 맹자는 공자 사망 이후 107년 뒤인 기원전 372년에 태어났다. 그 자신도 공자의 문하에서 직접 배우지는 않았지만 공자의 후학에게 사숙(私淑)했다고 말하고 있다. p. 245
63. 『맹자집주』, p. 138
64. 『맹자집주』, p. 313
65. 『맹자집주』, p. 314
66. 『맹자집주』, p. 315. 고자는 식욕과 성욕은 태어날 때부터 타고난 본성이라 하여 생(生)과 성(性)을 동일시하고 있다.
67. 『맹자집주』, pp. 320-321
68. Tu Wei-Ming, *Centrality and Commonality*, State University of New York Press, 1989, p. 49
69. 『맹자집주』, p. 102
70. 『맹자집주』, p. 103
71. 『맹자집주』, p. 15
72. 『맹자집주』盡心章句 上, p. 373. 盡其心者 知其性也 知其性則知天矣.
73. 『맹자집주』離婁章句 上, p. 194. 堯舜之道 不以仁政 不能平治天下.
74. 『맹자집주』, p. 346
75. 『맹자집주』, p. 347
76. 『맹자집주』, p. 384
77. 『맹자집주』, p. 226
78. 『맹자집주』告子 章句 上, p. 211
79. 『맹자집주』, p. 334
80. 『맹자집주』盡心章句 上, p. 394

81. 『맹자집주』 盡心章句 上, p. 394
82. 『맹자집주』 離婁章句 上, p. 242
83. 『맹자집주』 離婁章句 上, p. 235
84. 『맹자집주』 萬章章句 下, p. 289
85. 『맹자집주』 萬章章句 下, p. 287
86. 『맹자집주』 萬章章句 下, p. 287
87. 『맹자집주』 萬章章句 下, p. 288
88. 『맹자집주』 盡心章句 下, p. 440
89. 『맹자집주』 萬章章句 下, p. 289
90. 『맹자집주』, p. 355
91. 『맹자집주』 梁惠王章句 上, p. 37, 盡心章句 上, p. 395
92. 『맹자집주』, p. 37
93. 『맹자집주』, p. 395
94. 『맹자집주』, p. 395
95. 『맹자집주』 離婁章句 上, p. 217
96. 『맹자집주』 離婁章句 上, p. 225
97. 『맹자집주』 離婁章句 上, p. 226
98. 『經集』 III. p. 293
99. 『經集』 IV. p. 58
100. 『經集』 III. pp. 152-153
101. 권도는 성인만이 실천할 수 있다(權者聖人之大用)고 하고 한나라 이후부터는 권의 의미를 제대로 아는 사람이 없었다(自漢以下無人識權者)고 한다. 『논어집주』, p. 246
102. 青木やよひ, 『ベートーベンの生涯』, 2009, 平凡社新書, p. 190. 때에 맞는 언어의 중요성에 대해서는 『논어집주』, p. 379 時然後言 참조.
103. 『논어집주』 제12편, 顔淵, p. 316. 仁者 其言也 訒.
104. 『논어집주』 제13편, 子路, p. 355
105. 『맹자집주』 公孫丑章句 上, p. 91
106. 『맹자집주』 公孫丑章句 上 p. 92
107. 정치(위정[爲政])란 무엇인가에 대한 자로의 물음에 공자는 한마디로 정명(正名)이라고 답하고 있다. 『논어집주』, p. 343
108. 정명의 언어가 아니면 소통이 어렵다. 名不正則言不順, 『논어집주』, p. 344
109. 『대학·중용 집주』, p. 76. 공자는 군자의 자세는 활쏘기와 같다(射有似乎君

子)고 했고, 맹자는 인자(仁者)의 자세는 활쏘기와 같고 활쏘는 사람은 자신을 바로잡은 뒤에 쏜다(仁者如射 射者正己而後發)고 했다. 『맹자집주』 公孫丑 章句 上, p. 107

110. 『대학·중용 집주』, p. 75
111. 『대학·중용 집주』, p. 74
112. 『대학·중용 집주』, p. 75
113. 『대학·중용 집주』, p. 75
114. 팔정도(八正道)와 중도의(中道義)의 수행이 대표적이다. 특히 불교의 중도의는 단견(斷見)과 상견(常見)의 어느 편에도 치우치지 않은 정견(正見)으로 유교의 시중의(時中義)와 유사하다. 원효의 화쟁(和諍)사상은 긍정(有)과 부정(無)의 양극단이 아닌 중도의를 기준으로 모든 논쟁의 시비를 분별하는 중도사상으로 평화와 중용과 정의의 사상이 함축되어 있다. 최일범, 「유교의 중용사상과 불교의 중용사상에 관한 연구」, 성균관대학교 박사학위논문, 1991, p. 78. 고영섭 편저 『원효』, 2001, 예문서원, pp. 194-205, pp. 235-272, pp. 273-315 참조.
115. 『대학·중용 집주』, p. 64
116. 『대학·중용 집주』, p. 66
117. 『대학·중용 집주』, p. 67
118. 『대학·중용 집주』, p. 70
119. 『대학·중용 집주』, p. 71
120. 『대학·중용 집주』, p. 85
121. 제4장 주 64번 참조.
122. 『맹자집주』, p. 422
123. 『논어집주』, pp. 102-103. 能以禮讓爲國乎何有.
124. Tu Wei-Ming, p. 39
125. 『대학·중용 집주』, p. 87
126. 『대학·중용 집주』, pp. 87-88
127. Tu Wei-Ming, p. 57
128. 『대학·중용 집주』, p. 86
129. 『대학·중용 집주』, p. 90. 다산은 서경(書經)의 고도모(皐陶謨)편을 이용하여 구덕(九德)을 중(中)이라고 했다. 『全書』 2-3, 8b
130. 『대학·중용 집주』, p. 93
131. 『全集』, 經集 I, 중용강의보 1권, 愼獨者誠也, p. 460. 성(誠)에 관한 정조의 질문에 대하여 다산은 신독(愼獨)이 성이라고 하고 정곡을 찌르는 것, 사람을

알려면(知人) 하늘을 알아야 한다(知天)는 말이 바로 성이라고 했다. p. 357
132. 위의 책, 같은 곳. 君子處暗室之中 戰戰栗栗. 不敢爲惡 知其有上帝臨汝也.
133. 『全集』, 1-4, 30a. 「中庸策」列序天地山水之廣大 而贊嘆功化於主宰之天.
134. Tu Wei-Ming, p. 72
135. 천인합일, 즉 인격신의 존재를 인정하지 않고, 이성(理)을 내재한 우주-자연과의 일체화를 최고 행복의 경지로 본 주자학의 관점은, 신(神), 즉 자연의 영원한 법칙에 순응하는 인간을 바로 그 자연의 일부로 보는 스피노자의 관점과 놀라우리만큼 일치하고 있다. 와타나베 히로시(渡辺浩), 「"중용"과 행복 : 주자학자들의 모색」, 최상용 외, 『민족주의, 평화, 중용』, 2007, 까치, pp. 268-269 참조.
136. 『대학·중용 집주』, p. 99
137. 『대학·중용 집주』, p. 99
138. 『대학·중용 집주』, p. 99
139. 『대학·중용 집주』, p. 101
140. 『대학·중용 집주』, p. 102
141. 『대학·중용 집주』, p. 103
142. 『대학·중용 집주』. 『중용』에 의하면 지성(至誠)은 신(神)과 같으며(p. 98), 쉼이 없다(無息, p. 100). 지성(至誠)이라야 천하를 성륜(經綸)할 수 있고(p. 112), 지성(至聖)이라야 인(寬裕溫柔), 의(發强剛毅), 예(齊莊中正), 지(聰明叡智)의 덕을 발휘할 수 있다(p. 110). 성(誠)의 경지와 성(聖)의 경지는 동일하며 성(誠)이나 성(聖)의 담지자가 바로 하늘과 인간의 관계에서 합일을 이룰 수 있는 주체가 될 수 있다. 다산은 성자(誠者)를 성인(聖人)의 별명이라고 했다. 『全集』 2-3. 21b. 「中庸自箴」誠者聖人之別名.
143. Tu Wei-Ming, p. 84
144. 『대학·중용 집주』, p. 104
145. 『대학·중용 집주』, p. 112. 주자는 경(經)은 실마리를 다스려서 나누는 것이며 윤(綸)은 그 유(類)를 다스려 합치는 것이라고 했고(經者理其緒而分之 綸者比其類而合之也), 다산은 경이란 조리 있게 나누는 것이며 윤이란 합하여 이루는 것이라고 했다(위의 책, p. 406). 고대 그리스의 직조술과 고대 중국의 경륜을 현대 정치언어로 표현하면 제한된 자원을 적절히 분배하여 사회통합을 이루는 정치라고 말할 수 있다.
146. 제4장 주 35번 참조, pp. 15-25

제4장
1. Plato, *Republic*, 338c-339b. 339b에서 소크라테스는 정의란 통치자들에게 복종하는 것이라는 트라시마코스의 극단적인 견해를 포기하도록 유도하고 있다. 이 논문에서 사용하는 플라톤의 『국가론』, 『정치가론』, 『법률론』의 번역본은 다음과 같다. ① Plato, *The Republic of Plato*, trans. Allan Bloom, New York: Basic Books, 1991, 이하 *Republic*. ② Plato, *Statesman*, trans. J. B. Skemp, in *The Collected Dialogues*, ed. Edith Hamilton and Huntington Cairns, Princeton University Press, 1961, 이하 *Statesman*. ③ Plato, *Laws*, trans. Thomas Pangle, Chicago: University of Chicago Press, 1988, 이하 *Laws*.
2. *Republic*, 332a-d. 플라톤이 다룬 소크라테스의 정의의 원칙들에 대해서는 Richard Kraut, *Socrates and the State*, Princeton: Princeton University Press, 1984, pp. 25-53. Richard Kraut, "The defense of justice in Plato's Republic", in *The Cambridge Companion to Plato*, ed. Richard Kraut, Cambridge: Cambridge University Press, 1992, pp. 311-337 참조.
3. *Republic*, 328d. 극단의 배제, 과불급이 없는 상태에서 스스로 만족할 줄 아는 인간은 중용인(中庸人)의 전형이다.
4. *Republic*, 359a-b. 정의는 최선과 최악의 중간적 타협, 즉 차선으로서의 중용과 같은 의미로 파악되고 있다.
5. *Republic*, 389c. gennaion pseudos에 대한 최근의 연구로는 Kateri Carmola, "Noble Lying: Justice and Intergenerational Tension in Plato's Republic", *Political Theory*, Vol. 31, No. 1, 2003, pp. 39-62 참조.
6. *Republic*, 403a. 플라톤이 아름다움과 질서에 대한 사랑(eros)은 곧 선(the good)에 대한 욕구라고 말할 때, 그 욕구는 존재하지 않는 것, 또는 소유되지 않은 것에 대한 가지려는 열망을 반영한다. 여기서 주목해야 할 것은 사랑(eros)은 그 자체로 있음과 없음, 실제적인 것과 이상적인 것의 중간 형태에서 인간의 행위를 유발하는 원인이라는 점이다.
7. *Republic*, 404e
8. *Republic*, 323d
9. *Republic*, 430e. 절제는 소크라테스의 "너 자신을 알라"라는 메시지에 내재해 있으며 이것은 결국 이성에 의한 욕망의 통제를 통한 깨달음에 다름 아니다. 『국가론』에서 소크라테스가 철학을 통해서 정의로운 도시를 건설하도록 유도하는 것도 젊은이들의 욕구를 철학으로 절제해서 조화로운 것으로 이끌려는 목적을 가지고 있다고 해석할 수 있다. Mary Nicols, "Spiritedness and Philo-

sophy in Plato's Republic", in *Understanding the Political Spirit: Philosophical Investigations from Socrates and Nietzsche*, ed. Catherine H. Zuckert, New Heaven: Yale University Press, 1988, pp. 48-66; Dan Avnon, "Know Thyself: Socratic Companionship and Platonic Community", *Political Theory*, Vol. 23, No. 2, 1995, pp. 304-329 참조.
10. *Republic*, 431c
11. *Republic*, 433c
12. 최상용, 『평화의 정치사상』(제2판), 2006, pp. 64-65. Augustinus, *De civitate Dei(City of God)*. XIX, 13.(6), p. 174. "모든 평화는 질서의 평온(tranquilitas ordinis)이다."
13. 아렌트는 플라톤이 말하는 통치를 법을 제정하고, 제도를 세우는 기술(techne)로 해석한다. 포스터는 통치가 기술이라는 점에서는 유사하지만, 플라톤에게 통치가 의미하는 바는 정치사회에 어떤 형상(form)을 제공하는 것이라고 설명한다. 반면 플라톤의 통치를 본격적으로 철학의 문제로 보는 시각이 있다. Hannah Arendt, *The Human Condition*, Chicago: University of Chicago Press, 1998[1958'], pp. 189-190 & 197-206; Terence Irwin, *Plato's Moral Theory*, Oxford: Oxford University press, 1977, pp. 183-185 & 201-203 참조. 이와 관련된 최근까지의 논쟁은 Peter J. Steinberger, "Ruling: Guardians and Philosopher-Kings", *American Political Science Review*, Vol. 83, No. 4, 1989, pp. 1207-1225 참조.
14. *Republic*, 472d
15. *Republic*, 472d-e
16. *Republic*, 473a
17. *Republic*, 519e-520a
18. *Republic*, 525b-c
19. *Republic*, 539b-d
20. *Republic*, 555c-d. 플라톤은 부에 대한 애착과 중용은 공존할 수 없다고 본다.
21. *Republic*, 560d
22. *Republic*, 563e & 564a
23. 널리 알려져 있듯이 포퍼는 전체주의의 사상사적 근원을 탐구하는 과정에서 플라톤을 전체주의의 원흉으로 보고 플라톤의 주저『국가론』을 히틀러의『나의 투쟁(*Mein Kampf*)』에 비유하고 있다. 플라톤 정치사상에 대한 비판 및 반비판에 관해서는, K. R. Popper, *The Open Society and its Enemies*, 1945;

R. Bambrough, *Plato, Popper and Politico*, Heffer, 1967 참조.
24. *Republic*, 614c-d
25. *Republic*, 615a-b
26. *Republic*, 619c
27. *Republic*, 619a
28. 『카르미데스』는 절제(sophrosune)에 대한 소크라테스의 입장을 가장 잘 보여준다고 할 수 있다. 욕망을 감출 수 없는 두 명의 잠재적 참주와의 대화 속에서 소크라테스의 절제는 겸손, 자기 통제 그리고 자기 억제와 같은 특성들의 혼합으로 나타난다. Paul Stern, "Tyranny and Self-Knowledge: Critias and Socrates in Plato's Charmides", *The American Political Science Review*, Vol. 93, No. 2, 1999, pp. 399-412 참조.
29. *Charmides*, 163a
30. *Charmides*, 171e
31. 『국가론』보다 『정치가론』이 더 현실적이라는 것은 일반적으로 받아들여진다. 스트라우스와 블룸의 해석에 의하면 플라톤은 이미 『국가론』에서 이상국가의 실현에 대해서 비관적이었으며, 철인정치는 끝내 현실 속에서 이루어질 수 없는 것으로 결론지어졌다고 본다. 이런 해석은 소크라테스와는 달리, 플라톤이 정치적 이상주의에 반대하고 있었다는 주장을 뒷받침하기 위한 것이다. Leo Strauss, *The City and Man*, Chicago: University of Chicago Press, 1964: Allan Bloom, "Interpretive Essay", in *The Republic of Plato*, trans. Allan Bloom, Chicago: Universityof Chicago Press, 1991, pp. 307-436
32. Plato, *Statesman*, pp. 283b-287b & pp. 305e-311c. 『정치가론』에는 정치가 측정(measurement), 결합(combination), 직조(weaving) 등과 같은 기술과 함께 변화하는 상황에서 올바른 판단을 내리는 지혜로 이해되고 있다. Paul Stern, "The Rule of Wisdom and the Rule of Law in Plato's Statesman", *American Political Science Review*, Vol. 91, No. 2, 1997, pp. 264-276 참조.
33. *Statesman*, 292d
34. *Statesman*, 292e
35. *Statesman*, 309b
36. *Statesman*, 283b-287b
37. 『대학·중용 집주』, p. 112. 『중용』의 경륜(經綸)과 플라톤의 직조술(art of weaving)은 둘 다 실을 다스리는 높은 경지인데, 직조술이 씨줄과 날줄의 아름다운 결합이듯이 경(經)은 실마리를 다스려 나눔(理其緒而分之)이요 윤(綸)은

그 유(類)를 나란히 하여 합하는 것(比其類而合之也)이다.

38. *Statesman*, 292e
39. *Statesman*, 294b
40. *Statesman*, 295a
41. *Letter* VIII, trans. L. A. Post, trans. J. B. Skemp, in *The Collected Dialogues*, ed. Edith Hamilton and Huntington Cairns, Princeton: Princeton University Press, 1961, 355b
42. *Laws*, 664e-665a
43. *Laws*, 665a
44. *Laws*, 691c
45. 유사한 해석으로는, Leo Strauss, *The Argument and the Action of Plato's Law*, Chicago: The University of Chicago Press, 1975, pp. 140-156 참조.
46. *Laws*, 730d5-7
47. *Laws*, 636d-e
48. *Laws*, 729e. 아테네인은 모든 극단의 상태에서 중용(a mean)을 달성하는 것이 가장 건전하며 최상의 균형이라고 보았다. *Laws*, 728e
49. *Laws*, 793e
50. 이런 맥락에서, 플라톤은 "절제할 수 있는 인간은 덕이 있는 인간이고 그렇지 못한 인간은 부덕한 인간이다"라고 말한다. *Laws*, 637b-c
51. *Laws*, 873e-875a
52. *Laws*, 875b
53. *Laws*, 880e
54. *Laws*, 918d
55. *Laws*, 919b
56. *Laws*, 644d
57. *Laws*, 688c-689c
58. *Laws*, 693d
59. 플라톤은 아테네인의 입을 통해서 "한 국가가 지나치게 군주정체의 원칙을 담는 것에만 집착하고 다른 국가는 단지 자유의 이상에만 집착하고 있다. 그 어떤 것도 둘의 균형을 달성하지 못했다"고 말한다. *Laws*, 693e
60. *Laws*, 692a. 스파르타의 정치체제가 고대 정치철학으로부터 근대 정치사상에 이르기까지 미친 영향에 대해서는 Wilfried Nippel, "Ancient and modern republicanism: 'mixed constitution' and 'ephors'", in *The Invention of the Modern*

Republic, ed. Biancamaria Fontana, New York: Cambridge University Press, 1994, pp. 1-26 참조.
61. Laws, 701e
62. Laws, 729d
63. Laws, 958d
64. Laws, 958e
65. Laws, 959b-c
66. 이 책에서 사용하는 아리스토텔레스의 『니코마코스 윤리학』과 『정치학』의 번역본은 다음과 같다. ① Aristotle, *The Nicomachean Ethics of Aristotle*, trans. Sir Daivd Ross(London, New York, Toronto), Oxford University Press, 1954. 이하 N.E. ② Aristotle, *The Politics*, Trans. T. A. Sinclair, Penguin Books, 1970. 이하 Politics.
아리스토텔레스에 의하면 경제학의 목적은 부(富), 의술의 목적이 건강이라면, 정치의 목적은 인간의 최고선(the chief good) 즉 행복이다. N.E., pp. 1-2, 12
67. Politics, p. 316
68. 아리스토텔레스에게 politics는 정치학인 동시에 정치이다. 그는 politics를 가장 권위 있는 기술(the most authoritative art)인 동시에 가장 으뜸가는 기술(most truly the master art)로 묘사하고 있다. N.E., p. 2, 1094a19
69. N.E., p. 12
70. N.E., pp. 31-33
71. N.E., p. 28
72. N.E., p. 32
73. N.E., p. 39
74. N.E., pp. 39-40
75. N.E., p. 38. 참다운 의미의 덕은 중용이며 이 경우 덕은 최선의 정점이다. 중용은 악덕의 극단을 배제하고 미덕의 극치를 지향한다.
76. N.E., p. 37
77. N.E., p. 37
78. 아리스토텔레스는 인간의 모든 감정과 행위에 중용이 있는 것이 아니며 앞으로도 인간의 감정과 행위에서 중용을 찾아야(invent) 한다고 했다. N.E., p. 96. 고대 사회에서는 인간의 감정과 행위에서 중용이라는 이름을 붙일 수 없는 경우가 많았다. 지금도 중용이라는 이름을 붙일 만한 감정이나 행위를 찾아보기 어렵다. 예나 지금이나 인간의 감정이나 행위에 큰 변화가 없다는 점을 시사하고 있다.

N.E., pp. 38, 45
79. 로스의 번역에 의하면, 인식적 부분은 the scientific, 사량적 부분은 the calculative이다. 사량하는 것과 숙고하는 것은 같은 의미로 본다. *N.E.*, p. 138
80. *N.E.*, p. 140
81. 로스는 지혜(Sophia)를 철학적 지혜(philosophical wisdom)로 번역했다. *N.E.*, p. 145
82. 사려와 실천적 지혜는 둘 다 프로네시스(phronesis)의 번역어이다. 사려는 프로네시스의 어의(語義)를 중심으로, 그리고 실천적 지혜는 프로네시스의 의미내용을 중심으로 번역한 것으로 보인다. 여기서는 로스의 번역어인 실천지(실천적 지혜)를 따르되 어감의 편의상 사려, 사려인, 사려학 등의 표현을 쓰려고 한다. 주자는 학적 인식과 실천적 지혜의 판단을 구별하지 않는다. 渡辺浩, 『日本政治思想史』, 東京大學出版會, 2010, p. 128
83. *N.E.*, pp. 142-143
84. 1인의 철인왕을 정의의 체현자로 상정한 플라톤과 달리, 아리스토텔레스는 솔론을 중용정체의 지도자로, 페리클레스를 실천지로서의 중용의 덕을 실현할 수 있는 모델로 보고 그와 유사한 사람들까지 같은 카테고리에 넣고 있다. 이들은 사려인들로서 자신을 위해서나 다른 모든 사람을 위해서 무엇이 선인지, 즉 무엇이 공동선인지를 아는 사람들이라고 평가하고 있다. *N.E.*, p. 143
85. *N.E.*, pp. 3, 8-9, 14, 39
86. *N.E.*, p. 45
87. *N.E.*, p. 137
88. 중용의 핵심은 극단을 배제하지만 결코 기계적, 산술적인 중간이 아니라는 점을 명백히 한 것이다. 중용을 잡고(hit the mean), 정의를 선택하는 것이 지난(至難)한 판단의 과정을 거치기 때문에 보통사람의 눈에는 중용이 때로는 "극단"으로 보일 수도 있다는 것이다. *N.E.*, p. 47
89. 일반적으로 절제인(The temperate man)과 사려인(The man of practical wisdom)은 둘 다 자제력이 있으나, 특히 사려인은 개별적인 사항에 관련되는 사람으로 개별적, 구체적 일을 실천하는 사람을 의미한다. *N.E.*, p. 160. 절제의 어원은 실천적 지혜를 보전한다는 뜻이다. *N.E.*, p. 143
90. *N.E.*, p. 143
91. 제3장 주 29, 30, 85, 86, 87번 참조. 이들 사려인, 중용인은 동시에 탁월한 정치지도자였다. 오규 소라이(荻生徂徠)는 고대 중국의 성인을 탁월한 정치가로 파악한다. 渡辺浩, 『日本政治思想史』, p. 180

92. *N.E.*, pp. 148-149
93. *N.E.*, p. 155
94. Basso ostinato. Ground bass(英)라는 음악용어로, 상성(上聲)의 악구(樂句)는 변해가는 데도 저음(bass)만은 같은 악구를 집요하게 반복하는 것이다. 마루야마 마사오가 일본 역사의 원형(原型)과 고층(古層)을 상징하는 표현으로 애용했다.
95. *N.E.*, p. 2
96. *N.E.*, p. 142
97. *N.E.*, p. 143. 절제(sophyrosyne)는 sozousan ten phronesis, 즉 사려 또는 실천적 지혜를 보존한다는 뜻이다.
98. *N.E.*, pp. 108, 112
99. *N.E.*, p. 132
100. *N.E.*, p. 109
101. *N.E.*, pp. 108-109
102. *N.E.*, p. 115
103. *N.E.*, p. 113
104. *N.E.*, p. 112
105. *N.E.*, p. 114
106. *N.E.*, p. 112
107. *N.E.*, pp. 112-113
108. *Politics*, p. 144
109. Polity는 고대 그리스에서 통용되었던 보통명사로서의 정치체제, 혼합정체(mixed constitution) 또는 중간정체(middle constitution) 등으로 불려왔으나, 여기서는 아리스토텔레스의 중용정치체제를 의미하는 폴리티로 쓴다.
110. *Politics*, p. 98
111. *Politics*, pp. 164-165
112. *Politics*, p. 176
113. *Politics*, p. 168
114. *Politics*, p. 168
115. 전문직을 추첨으로 뽑을 경우, 전문지식이 없는 사람이 이를테면 군대를 지휘하거나 경제를 다룰 경우 국가가 위기를 맞을 수 있다. 그리고 관직을 뽑는 기준으로 높은 재산 자격을 요구한다면 금권정치로 타락할 수 있다.
116. 아리스토텔레스의 『정치학』에서 폴리티 개념은 해석상의 쟁점, 이를테면

폴리티는 혼합정체냐 중간정체냐, 특히 폴리티와 중간정체는 같은 것이냐 차이가 있느냐 등의 논점이 존재한다. "모든 혼합이 중용이 아니고 모든 중용이 혼합이 아니다"라는 표현은 폴리티와 중간정체의 차이를 강조하는 사람들의 명제이다. 그렇다. "혼합이나 중간은 중용의 한 형태"일 뿐이다. 따라서 필자가 정의한 중용 개념에서 보면 폴리티는 혼합정체인 동시에 중간층을 중심세력으로 하는 중간정체이다. 실제로 양면을 포함하고 있는 정치체제이기 때문에 폴리티를 넓은 의미에서 중용의 정치체제로 파악하는 것이다. Curtis Johnson, "Aristotle's Polity: mixed or middle constitution?", *History of Political Thought*, Vol. IX. No. 2. Summer 1988. pp. 189-204 참조.
117. *Politics*, pp. 206-207
118. *Politics*, p. 76
119. *Politics*, p. 76
120. *Politics*, pp. 58-59
121. *Politics*, p. 265
122. *Politics*, p. 266
123. *Politics*, p. 123
124. *Politics*, p. 143
125. *Politics*, p. 171
126. *Politics*, p. 172
127. *Politics*, p. 192. 아리스토텔레스는 여섯 개의 정체를 제시하고 있다. 군주정, 귀족정, 참주정, 과두정 외에 나머지 두 정체는 민주정의 양면, 즉 부정적인 면을 나타내는 중우정과 합법, 다수, 중산층을 중심내용으로 하는 폴리티이다. Polity는 공화정, 입헌민주정 등으로 번역되나 편의상 폴리티를 사용한다.
128. *N.E.*, p. 3
129. John Rawls, *A Theory of Justice*, Harvard University Press, 1971. p. 243
130. John Rawls, op. cit., pp. 19, 20, 47-48, 51, 120, 319, 579 참조.
131. 여기서 아리스토텔레스의 최량의 정점은 주자가 『중용장구』 제2장에서 중용을 "정미함의 극치(精微之極致)"로 설명한 것과 유사하다. 朱熹 『四書章句集註』, 1983, 中華書局, p. 18
132. 주 23번 참조.
133. 박성우, 「플라톤의 『변명』과 소크라테스적 정치적 삶」, 『한국정치학회보』 제38집 2호, 2004, pp. 29-49 참조.

제5장
1. 여기서 말하는 변증법은 정치적 인식과 판단의 방법으로서의 변증법이다. 변증법적 상상력에 도움을 주는 연구로는 Martin Jay, *The Dialectical Imagination, Little, Brown and Company*, Boston·Toronto, 1973 참조. Bernard Crick, *In Defense of Politics*, 1982, Penguin Books 참조. 1979년 10월 하버드 대학교 옌칭 연구소에서 가진 필자와의 대화에서 벤저민 슈월츠 교수는 사유 방법으로서의 음양사상은 헤겔 변증법의 동양적 표현이라고 했다. 정치적 인식의 방법으로서의 변증법에 대한 포괄적 이해에 도움이 되는 국내 연구로는 양승태, 『앎과 잘남―희랍지성사와 교육과 정치의 변증법』, 2006, 책세상 참조.

   정치적 판단의 방법으로서의 중용의 예로 베버의 신념윤리와 책임윤리의 긴장과 종합에 관한 국내 연구로는 김성호, 「양심과 의무, 그리고 중용」, 최상용 외, 『민족주의, 평화, 중용』, 까치, 2007, pp. 284-317 참조.
2. Fred Greenstein, *The Presidential Difference-leadership style from F.D.R to George W. Bush*, 2004, Princeton University Press 참조. Aurelian Craiutu, "Tocqueville's Paradoxical Moderation", *The Review of Politics*, 67, 2005, pp. 599-630 참조.
3. 프리덤 하우스의 2011년 연례보고에 의하면 세계 204개국 가운데 157개국이 민주국가, 47개국이 민주화 과정에 있는 국가, 47개국이 비민주국가로 분류되어 있다. 인구별로 보면 세계 인구의 65퍼센트인 44억3,895만 명이 민주국가 내지 민주화 과정에 있는 국가의 국민이고 35퍼센트인 24억3,425만 명이 비민주국가의 구성원이다. 13억 명 이상의 중국이 지금은 비민주국가로 분류되지만 앞으로 부분적으로 민주화 과정에 들어간다면 세계 인구의 7분의 1 정도가 비민주국가의 주민으로 남게 된다. 1970년대 이래 민주화의 추세를 보면 1972년에는 비민주국가의 비율이 46퍼센트였는데 2011년에는 24퍼센트로 줄어들었다. Arch Puddington, *Freedom in the world 2011*, p. 21. www.freedomhouse.org
4. 여기서 말하는 구조폭력(structural violence)은 평화연구가 요한 갈퉁의 용어이다. 그는 전쟁의 부재상황을 소극적 평화, 사회구조에 도사리고 있는 각종 부정의, 환경오염 등 구조폭력의 부재상황을 적극적 평화로 구분한다. Johan Galtung, *Peace by Peaceful Means*, London: Sage Publications, 1998 참조.
5. Oxford English Dictionary의 인터넷 판에 중산층의 정부(government by the middle class)라는 의미의 mesocracy라는 말이 나온다. 그리스어에서 중(中)을 의미하는 meso와 정치를 의미하는 cracy의 합성어로 어원을 따지면 의미 있는

용어이기는 하다. 그러나 이미 정치학, 철학, 윤리학 등에서 뿌리를 내린 중용 (Mean)의 참뜻을 살려서 필자는 중용학을 Meanology, 중용의 정치 내지 중용 민주주의의 의미를 담은 Meanocracy라는 개념을 처음으로 만들었다. 최상용 외, 『민족주의, 평화, 중용』, 까치, 2007, p. 397
6. 근대 이래의 공화정이나 민주정체가 고대의 혼합정체의 전통을 이어받고 있다는 점을 논증한 연구로는 Kurz von Fritz, *The Theory of the Mixed Constitution in Antiquity*, New York: Columbia University Press, 1954, pp. 306-352 참조. 칸트의 공화제 평화론이나 러셋의 민주평화론에서 보듯이 공화제와 민주정이 평화의 실현에 필요한 정치체제라는 점을 감안하면 고대 혼합정체를 평화의 관점에서 파악하는 것은 흥미로운 연구과제이다.
7. 뱁스트는 1789년부터 1941년까지 116개의 전쟁에 대한 경험적 연구를 통하여 민주국가 간에 전쟁이 없었음을 증명하고 있다. Dean Babst, "Elective Government, A Force for Peace", *The Wisconsin Sociologist*, 3.1, 1964, pp. 9-11. 러셋은 민주국가 간에는 전쟁이 없다는 명제를 고대 그리스의 폴리스 간의 관계에까지 확대 적용하고 있다. Bruce Russett, *Grasping the democratic peace*, Princeton University Press, 1992, pp. 43-81
8. Michael Howard, *The Invention of Peace: Reflection on war and international order*, Yale University Press, 2000 참조.
9. Choi Sang-yong, *A Political Philosophy of Peace* Korean National Commission for UNESCO, pp. 75-97 참조. 에라스뮈스는 필요하다면 평화는 돈으로 살 수 있다고 했다.
10. 일찍이 러셋은 민주주의를 위한 십자군은 적절치 않다고 지적하고 있다. Bruce Russett, op. cit., p. 136
11. 동서 냉전 이후 미국은 민주주의의 확대를 위해서 필요하면 군사적 수단을 사용해야 한다는 입장, 즉 외국에 대한 민주주의의 강제적 이식을 당연시해왔다. 그러나 이라크 전쟁 이후 의기양양한 민주적 글로벌리즘에 대한 수정의 필요성이 제기되면서 미국은 상대국의 역사적, 문화적 특수성, 자원의 신중한 사용, 목표의 한정 등을 고려한 이른바 민주적 리얼리즘으로 방향전환을 시도하고 있다. Charles Krauthammer, "In defense of Democratic Realism", *National Interest*, 2004, No.77(Fall), pp. 15-25

색인

견자 狷者 41, 61-62
경륜 經綸 11, 87, 109, 156-157
계신공구 戒愼恐懼 84
고자 告子 52-54
공맹학 孔孟學 20, 29-31, 51, 78, 84, 157
공자 孔子 20, 24-25, 29, 44, 46, 50-51, 58, 60, 69, 77
공화제 평화 164
과두정 101-102, 141
광자 狂者 40, 61-62
군인정체 101-102
군자 君子 11, 31-33, 37, 51, 69, 72-74
군자학 29, 33, 69
권 權 35, 63-65
권도 權道 63-66, 155
권형 權衡 36, 48, 50, 154
귀족정 79
극기복례 克己復禮 43

노자 老子 29
노장학 老莊學 30

덕 德 24, 49, 90, 92, 111, 135
덕치 德治 49, 79

도가 道家 29-30
독단론 149
동도서기론 東道西器論 19
두웨이밍 杜維明 79, 85
딜타이 Dilthey, Wilhelm 19

로크 Locke, John 164
롤스 Rawls, John 36, 149
루소 Rousseau, Jean Jacques 164-165

마송-우르셀 Masson-Oursell, Paul 18
마키아벨리 Machiavelli, Niccoló 146
맹자 孟子 20, 29, 50, 52-60, 63, 66, 77, 90, 109
목눌 木訥 44, 67
무오류성 無誤謬性 74, 92, 132
무지의 지(知) 45
묵자 墨子 60
민주적 현실주의 democratic realism 166
민주정 79, 101-102, 141
민주평화론 161, 164
밀 Mill, John Stuart 157

백이 伯夷 40, 61-62

법치 法治 78, 145, 147
베버 Weber, Max 19
베토벤 Beethoven, Ludwig van 103
벤담 Bentham, Jeremy 164-165
변증법 100-101
분배적 정의 135, 137
불유구 不踰矩 12
불인인지심 不忍人之心 55

사단 四端 55-56, 58
사량적(思量的) 부분 130
사려 思慮 132-134
사려 깊은 판단 considered judgment 11, 159
사려인 思慮人 134
사양지심 辭讓之心 55
사카모토 요시카즈 坂本義和 8
사후재판 103, 105
상대주의 132
상대화 15, 17, 47, 158
상례 喪禮 75-76, 78, 120
상호인정 mutual recognition 160
선 善 123-126
선왕지도 先王之道 57-58
성 誠 80-87
성선설 性善說 16, 31, 50-51, 57
성악설 性惡說 16
성인 聖人 11, 31-33, 36, 50-51, 58, 74
성찰적 균형 reflective equilibrium 11, 36
소인 小人 31-33, 37, 51
소크라테스 Socrates 20, 44, 69, 89, 91, 107, 110, 134, 150

솔론 Solon 139, 157
수기치인 修己治人 31-33, 36, 40, 56, 58, 69, 78, 160, 163
수기학 修己學 69
수신 修身 95, 97
수오지심 羞惡之心 55
숙제 叔齊 40
스토아 학파 29
스피노자 Spinoga, Baruch de 175
시비지심 是非之心 55
시정적(是正的) 정의 135-137
시중 時中 24-25, 27, 34-36, 39, 45, 48, 63-66, 75, 85, 130-131, 154-155
시중지의 時中之義 35-36, 46, 50, 84, 156
신독 愼獨 70-72, 84
신의(信義)공동체 Fiduciary Community 79, 87, 160, 163
실천적 지혜 11, 130, 149, 154-157

아리스토텔레스 Aristoteles 18, 20, 24-25, 29, 34, 36, 39, 49, 60, 70-71, 77, 83, 89, 91, 93, 98, 108, 112, 122-127, 129-139, 141-151, 154-155, 157, 161-162, 165
아우구스티누스 Augustinus, Aurelius 97
아타락시아 ataraxia 30, 71, 75
양자 楊子 60
양혜왕 梁惠王 64
에라스뮈스 Erasmus, Desiderius 164-165
에피쿠로스 Epicouros 29, 71, 75

역설적 중용 paradoxical moderation
  158
예 禮 37-38, 75
예치 禮治 78-79, 81, 87
오륜 五倫 80
완전국가 99, 101, 138
왕정 王政 77, 79
요순 堯舜 50-51
우리와 관련된 중용 the mean relative
  to us 24-25, 131
원리주의 15, 17
원효 元曉 10-11, 174
유가 儒家 29, 30
유하혜 柳下惠 40, 61-62
윤리적 덕 127-137
윤리적 합리주의 27
윤집기중 允執其中 40
이데아 Idea 41, 83, 97-98, 148-149
이윤 伊尹 61-62
인식적 부분 130
인의 仁義 30-31, 50, 52, 55-59
인정 仁政 57
인치 人治 79, 163
일언상방 一言喪邦 67
입헌민주주의 148

자막 子莫 64
자유 102, 118
자족인 自足人 90
장자 莊子 29
저우언라이 周恩來 163
절대화 15, 17, 158
절대화의 시대 17
절제 90-91, 94-97, 101, 106, 116,
  118, 121, 137
정곡 正鵠 11, 25, 66, 71, 73
정명사상 正名思想 45
정약용 丁若鏞 35-36, 46-49
정치술 106-111
정치적 사고 25
정치적 사려 130-134
정치적 중용 27
제1원인 the first cause 83
제정일치 祭政一致 76
조교 曹交 58
존재적 상대성 84
주자 朱子 35, 39, 46
중간정체 141
중도의 中道義 11
중용민주주의 159-165
중용으로서의 정의 Justice as Mean
  11
중용의 정치체제 79
중용인 中庸人 41, 71, 133
중용적 사고 25
중우(衆愚)정치 103
지적 덕 127-137
지혜 129-130
직조술 織造術 87, 108, 156

차선(次善)의 중용 40-41
참주정 101-102, 110, 141
책임윤리 27, 184
천 天 51, 84
천인합일 天人合一 83-85
철인왕 哲人王 32, 41, 77, 97, 146
충서 忠恕 39, 45, 75-75
측은지심 惻隱之心 55

칸트 Kant, Immanuel　164-165
타인의 선 other's good　49, 135
타협　159
토크빌 Tocqueville, Alexis　157
트라시마코스 Thrasymachos　89

페리클레스 Perikles　102, 130, 133, 157
평화　7-9, 159-165
폴리스 polis　20, 29-30, 78, 122, 125, 157
폴리티 polity　138-139, 141-142, 147-148, 162
프로네시스 phronesis　130
프로타고라스 Protagoras　132
플라톤 Platon　20, 29, 39, 60, 78, 83, 85, 89-91, 93, 95-96, 98, 100-121, 134, 138, 143, 145-148, 150, 157, 165

학지 學知　44
한유 韓愈　50
항산 恒産　90
항심 恒心　90
행복　123-126
헬레니즘　29, 71
혼합　139-141
혼합정체　79, 116, 118, 121, 123, 139, 141, 145, 147, 161, 164-165
화이부동 和而不同　38
환원주의　149
효제 孝悌　39, 45, 58-59
후진타오 胡錦濤　163